20 Short Stories in Italian for Upper Intermediate Learners

A Dual Language Journey with Parallel Reading to Improve Your Language Skills, Reading Abilities, and Comprehension

Acquire a Lot

To those who dare to dream and never stop learning

Contents

Unlock the Secrets to Learning Any Language Faster

I'm excited to share with you a practical and insightful guide that can help you master any language faster than you ever thought possible. Whether you're drawn to the musical tones of French, the fascinating characters of Mandarin, or the lively rhythm of Spanish, this guide offers the tools you need to start your journey with confidence.

Inside, you'll find practical tips and strategies designed to make language learning enjoyable and effective. This isn't just about memorizing vocabulary or grammar rules— we also explore the mindset and focus needed to stay motivated, even when distractions arise. You'll learn how to tap into your natural enthusiasm and keep your passion for languages alive.

HOW TO
~~LEARN~~
ACQUIRE
ANY LANGUAGE
FAST ☑

Acquire a Lot

And there's more! By downloading this guide, you'll also gain access to exclusive perks. As part of our community, you'll receive special discounts whenever we release a new book—giving you an affordable way to keep expanding your language skills.

Additionally, you'll get access to thoughtfully curated learning materials designed to enhance your progress. From clever tools to proven techniques, you'll have everything you need to succeed right at your fingertips.

But don't wait too long—this free guide won't be available forever. Think of it as a rare opportunity to take your language learning to the next level.

All of this is completely free. The only thing we need from you is your email address.

Scan the QR code or visit the link below to claim your guide and start your journey today. Let's unlock the world of languages together!

Or go to:

https://acquirealot.com/free-bonus/

Introduction

Each story in this collection immerses you in the vibrant culture and traditions of Italy while introducing you to the nuances of the Italian language. By combining real-world vocabulary and natural expressions with relatable narratives, these stories are crafted to improve your reading comprehension, vocabulary retention, and overall fluency.

This book is designed to help learners progress from intermediate to advanced Italian proficiency through engaging and thought-provoking short stories.

How to Use This Book

This book has been structured to ensure an optimal language-learning experience:

1. Dual-Language Format:
Each story is presented in Italian on the left-hand pages, with its English translation on the corresponding right-hand pages. This side-by-side format allows you to cross-reference seamlessly, ensuring clarity as you encounter unfamiliar words or phrases.

2. Story Components:

-   **Riassunto (Summary in Italian):** Provides an overview of the story in its original language, helping you anticipate the content and prepare your mind for Italian vocabulary.

-   **Summary (in English):** Offers a brief explanation of the story to give you context before diving into the Italian text.

3. Learning Tools:

-   **Vocabulary Lists:** After each story, you'll find a curated list of key vocabulary to expand your lexicon. These words are selected to reflect everyday usage and help you grasp the story's themes.

-   **Questions and Exercises:** Reinforce your comprehension with five engaging questions for each story, each accompanied by five possible answers.

Who Is This Book For?

This book is tailored for learners who have a foundation in Italian and are looking to challenge themselves further. Whether you are learning for travel, work, or personal enrichment, these stories will help you connect with Italian language and culture in meaningful ways.

A Few Tips

•   **Take Your Time:** Each story introduces new vocabulary and concepts. Don't rush; savor the language as you would savor Italian cuisine.

•   **Practice Actively:** Write down key phrases, repeat them aloud, and use the vocabulary in sentences of your own.

•   **Enjoy the Journey:** Language learning is about connecting with new worlds. Let each story inspire you to explore Italian culture and tradition further.

Get ready to embark on this exciting linguistic journey.

Buona lettura!.

Un Nuovo Capitolo: La Vita a Firenze

Riassunto

Giulia si trasferisce a Firenze per iniziare una nuova vita. Lì trova un lavoro in una libreria storica, fa nuove amicizie e scopre la sua passione per l'arte e la storia. Grazie a queste esperienze, non solo si integra nella comunità fiorentina, ma realizza anche un progetto personale che celebra la bellezza della città, cambiando per sempre il corso della sua vita.

Giulia aveva sempre sognato di vivere a Firenze. Dopo anni trascorsi in una piccola cittadina del nord Italia, finalmente decise che era il momento giusto per un cambiamento. Con una valigia piena di speranza e un cuore colmo di aspettative, si trasferì nella città dei Medici in una fresca mattina di primavera.

Appena scesa dal treno, l'atmosfera unica di Firenze la colpì immediatamente. I colori caldi degli edifici, il suono dei passi sulla pietra e il profumo del caffè appena fatto proveniente dalle piccole caffetterie riempivano l'aria. Era come se la città l'avesse accolta con un abbraccio invisibile. Mentre si dirigeva verso il suo nuovo appartamento, Giulia non poteva fare a meno di guardarsi intorno con occhi pieni di meraviglia. Ogni angolo sembrava nascondere una storia, ogni edificio sembrava sussurrare segreti del passato.

Il suo nuovo appartamento era situato in un vicolo caratteristico vicino a Piazza della Signoria. Anche se piccolo, era perfetto per lei: una stanza luminosa, una cucina accogliente e una finestra che si affacciava su un cortile pieno di fiori. Giulia immaginava già le serate passate a leggere sul suo piccolo balcone, con un bicchiere di vino e il suono lontano delle campane del Duomo.

A New Chapter: Life in Florence

Summary

Giulia moves to Florence to start a new life. There, she finds a job in a historic bookstore, makes new friends, and discovers her passion for art and history. Through these experiences, she not only becomes part of the Florentine community but also completes a personal project celebrating the city's beauty, forever changing her life.

Giulia had always dreamed of living in Florence. After years spent in a small town in northern Italy, she finally decided it was the right time for a change. With a suitcase full of hope and a heart brimming with expectations, she moved to the city of the Medici on a crisp spring morning.

As soon as she stepped off the train, Florence's unique atmosphere struck her immediately. The warm colors of the buildings, the sound of footsteps on the stone pavement, and the aroma of freshly brewed coffee wafting from small cafés filled the air. It felt as if the city had welcomed her with an invisible embrace. As she made her way to her new apartment, Giulia couldn't help but look around with eyes full of wonder. Every corner seemed to hide a story, every building seemed to whisper secrets of the past.

Her new apartment was located on a charming alley near Piazza della Signoria. Though small, it was perfect for her: a bright room, a cozy kitchen, and a window overlooking a courtyard filled with flowers. Giulia could already imagine evenings spent reading on her little balcony, with a glass of wine and the distant sound of the Duomo's bells.

Nonostante la semplicità del luogo, per lei rappresentava un nuovo inizio, una tela bianca su cui dipingere il suo futuro.

Il giorno seguente, Giulia iniziò il suo nuovo lavoro in una libreria storica a pochi passi dal fiume Arno. La libreria era un luogo magico, con scaffali alti pieni di libri antichi e moderni. C'era un odore particolare, un misto di carta, inchiostro e legno antico, che dava al luogo un'aura speciale. Fu accolta calorosamente dai suoi nuovi colleghi, che le raccontarono storie sulla lunga storia della libreria e le mostrarono ogni angolo del negozio. Una delle sue responsabilità principali era aiutare i turisti a trovare libri in diverse lingue, un compito che accettò con entusiasmo.

Tra i suoi colleghi c'era Elena, una donna di mezz'età con una passione per la letteratura e un sorriso contagioso. Elena prese Giulia sotto la sua ala e le insegnò i segreti del mestiere, condividendo aneddoti su clienti abituali e libri speciali che erano passati tra quelle mura. Con il passare delle ore, Giulia si sentiva sempre più a suo agio, come se quel posto fosse sempre stato una parte di lei.

Durante la pausa pranzo, si sedette su una panchina vicino al Ponte Vecchio e osservò la gente passare. Firenze era piena di vita, con visitatori e abitanti che si muovevano come un fiume costante. Le voci in diverse lingue, il rumore delle biciclette e il canto lontano di un musicista di strada creavano una sinfonia unica che solo quella città poteva offrire. Giulia si sentiva ispirata e, per la prima volta dopo tanto tempo, davvero felice. Si rese conto che il suo sogno di vivere a Firenze era solo l'inizio di un viaggio che avrebbe cambiato la sua vita.

La sera, tornata a casa, si affacciò alla finestra e guardò il cielo stellato sopra la città. Con una tazza di tè caldo tra le mani, pensò a tutte le opportunità che la aspettavano. Firenze era più di una città: era un nuovo capitolo, una promessa di avventure e scoperte. Giulia chiuse gli occhi e sorrise, pronta ad affrontare tutto ciò che il futuro le avrebbe riservato.

Nei giorni successivi, Giulia si immerse completamente nella vita fiorentina. Ogni mattina camminava verso il lavoro attraversando strade lastricate di pietra e salutando i negozianti che cominciavano la giornata con un sorriso. Firenze non era solo una città per lei, ma una comunità che l'accoglieva con calore.

Despite the simplicity of the place, for her, it represented a new beginning—a blank canvas on which to paint her future.

The following day, Giulia began her new job at a historic bookstore just a few steps from the Arno River. The bookstore was a magical place, with towering shelves filled with both ancient and modern books. There was a distinct scent—a blend of paper, ink, and aged wood—that gave the place a special aura. She was warmly welcomed by her new colleagues, who shared stories about the bookstore's long history and showed her every corner of the shop. One of her main responsibilities was helping tourists find books in different languages, a task she eagerly embraced.

Among her coworkers was Elena, a middle-aged woman with a passion for literature and a contagious smile. Elena took Giulia under her wing, teaching her the tricks of the trade and sharing anecdotes about regular customers and special books that had passed through those walls. As the hours went by, Giulia felt increasingly at ease, as if that place had always been a part of her.

During her lunch break, she sat on a bench near the Ponte Vecchio and watched people pass by. Florence was full of life, with visitors and locals moving like a constant stream. Voices in various languages, the sound of bicycles, and the distant song of a street musician created a unique symphony that only this city could offer. Giulia felt inspired and, for the first time in a long while, truly happy. She realized that her dream of living in Florence was just the beginning of a journey that would change her life.

That evening, back home, she leaned out of her window and looked at the starry sky above the city. With a warm cup of tea in her hands, she thought about all the opportunities awaiting her. Florence was more than just a city—it was a new chapter, a promise of adventures and discoveries. Giulia closed her eyes and smiled, ready to embrace whatever the future had in store for her.

In the following days, Giulia fully immersed herself in Florentine life. Every morning, she walked to work along cobblestone streets, greeting shopkeepers who started their day with a smile. Florence wasn't just a city to her; it was a community that welcomed her with warmth.

Ogni angolo aveva un fascino unico: le piccole piazze dove gli artisti di strada si esibivano, le panetterie da cui proveniva il profumo del pane appena sfornato, e i mercati all'aperto pieni di colori e vita.

Nel tempo libero, Giulia iniziò a esplorare i luoghi meno conosciuti della città. Un giorno, camminando senza una meta precisa, scoprì un piccolo giardino nascosto dietro un antico palazzo. Era un luogo tranquillo, lontano dal trambusto delle strade principali. Lì incontrò un'anziana signora, Sofia, che trascorreva le sue mattine a dipingere acquerelli. Le due iniziarono a chiacchierare, e Giulia scoprì che Sofia era un'artista locale molto amata. Le loro conversazioni si trasformarono presto in un'amicizia, e Sofia divenne una fonte di ispirazione per Giulia.

Una sera, Elena invitò Giulia a una cena con alcuni amici in una trattoria tradizionale. Il locale era accogliente, con luci soffuse e pareti decorate con fotografie in bianco e nero della vecchia Firenze. Il gruppo era variegato: c'erano studenti, artisti, e professionisti, tutti uniti dall'amore per la città. Durante la serata, Giulia ascoltò storie affascinanti sulle tradizioni fiorentine, come la celebrazione del calcio storico e le leggende sui ponti della città. Si sentiva sempre più parte di quella comunità, come se Firenze le stesse svelando i suoi segreti poco alla volta.

Un giorno, mentre era al lavoro, un cliente particolare attirò la sua attenzione. Era un uomo di mezza età con un cappello elegante e un accento straniero. Cercava un libro raro sulla storia del Rinascimento e, colpito dalla conoscenza di Giulia, iniziò a raccontarle delle sue ricerche sull'arte fiorentina. Quella conversazione fu un momento di svolta per Giulia. Decise di approfondire la sua conoscenza sull'arte e sulla storia della città, iscrivendosi a un corso serale di storia dell'arte.

Le lezioni serali erano un momento speciale per Giulia. Ogni lezione era una porta aperta verso un mondo nuovo, fatto di capolavori, racconti storici e dettagli che sfuggivano agli occhi dei turisti frettolosi. Tra i suoi compagni di classe, c'era Marco, un giovane storico dell'arte con una passione travolgente. Marco e Giulia iniziarono a esplorare insieme musei e angoli nascosti della città, condividendo la meraviglia per le opere che incontravano lungo il loro percorso.

Every corner had a unique charm: the small squares where street performers entertained, the bakeries from which the aroma of freshly baked bread wafted, and the open-air markets full of color and life.

In her free time, Giulia began exploring the lesser-known parts of the city. One day, while wandering aimlessly, she stumbled upon a small garden hidden behind an old palace. It was a tranquil spot, far from the hustle and bustle of the main streets. There, she met an elderly woman named Sofia, who spent her mornings painting watercolors. The two began chatting, and Giulia discovered that Sofia was a beloved local artist. Their conversations soon blossomed into a friendship, and Sofia became a source of inspiration for Giulia.

One evening, Elena invited Giulia to a dinner with some friends at a traditional trattoria. The place was cozy, with soft lighting and walls adorned with black-and-white photographs of old Florence. The group was diverse: there were students, artists, and professionals, all united by their love for the city. Throughout the evening, Giulia listened to fascinating stories about Florentine traditions, such as the celebration of historical football and the legends surrounding the city's bridges. She felt increasingly a part of this community, as if Florence were gradually revealing its secrets to her.

One day at work, a particular customer caught her attention. He was a middle-aged man with an elegant hat and a foreign accent. He was searching for a rare book on the history of the Renaissance, and, impressed by Giulia's knowledge, he began telling her about his research on Florentine art. That conversation was a turning point for Giulia. She decided to deepen her understanding of the city's art and history by enrolling in an evening art history course.

The evening classes became a special time for Giulia. Each lesson was an open door to a new world, full of masterpieces, historical tales, and details often overlooked by hurried tourists. Among her classmates was Marco, a young art historian with an infectious passion. Marco and Giulia began exploring museums and hidden corners of the city together, sharing their awe for the works they encountered along the way.

Più si immergeva in questo mondo, più Giulia sentiva di aver trovato una nuova parte di sé. Ogni giorno a Firenze le offriva qualcosa di nuovo: un dettaglio da scoprire, una storia da ascoltare, un sogno da inseguire.

La primavera fiorentina era arrivata, e con essa un'ondata di turisti. Giulia, ormai esperta nel suo ruolo, si offrì volontaria per organizzare piccoli tour per i visitatori che frequentavano la libreria. L'idea piacque alla proprietaria, e presto i "Tour di Giulia" divennero molto popolari. Con il suo entusiasmo e la sua conoscenza, riusciva a trasmettere ai visitatori l'amore per Firenze e per le sue opere d'arte.

Un giorno, durante uno dei suoi tour, un'americana di nome Sarah si avvicinò a Giulia con una domanda. Era interessata a sapere di più su un artista minore che non compariva nelle guide tradizionali. Giulia, sorpresa dall'interesse di Sarah, decise di portare il gruppo in una piccola chiesa poco conosciuta che custodiva un affresco di quell'artista. Lì, mentre spiegava l'opera, si rese conto di quanto amasse condividere le storie nascoste di Firenze.

Dopo il tour, Sarah la ringraziò e le disse: "Hai un dono speciale. Dovresti pensare a scrivere un libro o fare conferenze sull'arte fiorentina. La tua passione è contagiosa." Quelle parole rimasero impresse nella mente di Giulia. Quella sera, mentre scriveva sul suo diario, cominciò a delineare idee per un progetto personale: una guida unica che combinasse l'arte, la storia e le sue esperienze personali.

Con il sostegno dei suoi amici, tra cui Marco e Sofia, Giulia iniziò a lavorare al progetto nei mesi successivi. Ogni weekend lo dedicava alla ricerca, visitando archivi, parlando con esperti e approfondendo dettagli che arricchivano il suo lavoro. Non era solo un libro per i turisti, ma un tributo alla città che le aveva cambiato la vita.

Quando finalmente completò il manoscritto, lo presentò a un piccolo editore locale che accettò con entusiasmo di pubblicarlo. Il libro, intitolato "Firenze: storie nascoste e passioni rivelate", divenne un successo tra i lettori locali e i turisti curiosi. Giulia iniziò a ricevere inviti per parlare in eventi culturali e musei, e la sua vita si arricchì di nuove esperienze e connessioni.

The more Giulia immersed herself in this world, the more she felt she had discovered a new part of herself. Each day in Florence offered her something new: a detail to uncover, a story to hear, a dream to chase.

Spring had arrived in Florence, bringing with it a wave of tourists. By now, Giulia was skilled in her role and volunteered to organize small tours for the visitors frequenting the bookstore. The idea pleased the owner, and soon, "Giulia's Tours" became highly popular. With her enthusiasm and knowledge, she managed to convey her love for Florence and its art to the visitors.

One day, during one of her tours, an American woman named Sarah approached Giulia with a question. Sarah wanted to know more about a lesser-known artist who didn't appear in traditional guides. Surprised by Sarah's interest, Giulia decided to take the group to a small, little-known church that housed a fresco by that artist. There, as she explained the piece, Giulia realized how much she loved sharing Florence's hidden stories.

After the tour, Sarah thanked her and said, "You have a special gift. You should consider writing a book or giving talks about Florentine art. Your passion is contagious." Those words stayed with Giulia. That evening, as she wrote in her journal, she began sketching out ideas for a personal project: a unique guide that combined art, history, and her own experiences.

With the support of her friends, including Marco and Sofia, Giulia began working on the project in the following months. Every weekend, she dedicated herself to research, visiting archives, talking to experts, and delving into details that enriched her work. It wasn't just a book for tourists; it was a tribute to the city that had changed her life.

When she finally completed the manuscript, she presented it to a small local publisher who enthusiastically agreed to publish it. The book, titled "Florence: Hidden Stories and Revealed Passions," became a hit among local readers and curious tourists. Giulia began receiving invitations to speak at cultural events and museums, and her life was enriched with new experiences and connections.

Una sera d'autunno, mentre tornava a casa dopo una presentazione, si fermò sul Ponte Vecchio. L'Arno rifletteva le luci della città, e Giulia si sentiva grata per tutto ciò che aveva vissuto. Firenze non era solo un luogo: era diventata una parte di lei, il capitolo più bello della sua storia. Con un sorriso, si rese conto che il viaggio non era finito; era appena cominciato.

Vocabulary List

1. **Treno** - Train
2. **Laguna** - Lagoon
3. **Gondola** - Gondola
4. **Vaporetto** - Waterbus
5. **Basilica** - Basilica
6. **Mosaico** - Mosaic
7. **Tiramisù** - Tiramisu
8. **Sarde in saor** - Sardines in sweet and sour sauce
9. **Risotto al nero di seppia** - Squid ink risotto
10. **Vetro di Murano** - Murano glass
11. **Canale** - Canal
12. **Alloggio** - Accommodation

Questions

1. **Cosa prova Paolo quando arriva a Venezia?**
- o a) Ansia
- o b) Curiosità
- o c) Indifferenza
- o d) Delusione
- o e) Nostalgia
2. **Cosa acquista Paolo a Murano?**
- o a) Un vaso di vetro

One autumn evening, as she was heading home after a presentation, Giulia stopped on the Ponte Vecchio. The Arno reflected the city lights, and she felt grateful for everything she had experienced. Florence was not just a place—it had become a part of her, the most beautiful chapter of her story. With a smile, she realized that the journey wasn't over; it had only just begun.

- o b) Un pendente di vetro
- o c) Una gondola in miniatura
- o d) Un libro sull'arte veneziana
- o e) Una mappa della città

3. Dove si concede una pausa Paolo nel pomeriggio?

- o a) Al Ponte di Rialto
- o b) Al Caffè Florian
- o c) In una trattoria locale
- o d) In una pasticceria
- o e) Alla Basilica di San Marco

4. Quale piatto tipico mangia Paolo durante la cena?

- o a) Pasta al pesto
- o b) Ossobuco
- o c) Pizza Margherita
- o d) Risotto alla milanese
- o e) Sarde in saor

5. Come descrive Paolo la sua esperienza a Venezia?

- o a) Una città caotica
- o b) Un luogo magico e unico
- o c) Un'esperienza deludente
- o d) Una meta sopravvalutata
- o e) Un viaggio ordinario

Il Treno per Venezia

Riassunto

Paolo visita Venezia per la prima volta, scoprendo la bellezza dei suoi canali, ponti e tradizioni. Durante il viaggio, esplora luoghi iconici e angoli nascosti, vivendo esperienze uniche come la visita a Murano, un giro in gondola e una cena sul Canal Grande. Ogni momento rafforza il suo amore per la città, che gli lascia ricordi indelebili.

Il sole splendeva alto nel cielo mentre Paolo salì sul treno diretto a Venezia. Era la prima volta che visitava la città e l'eccitazione gli faceva battere il cuore più veloce del solito. Aveva sempre sognato di vedere i canali, i ponti e le gondole che apparivano spesso nei film e nei libri. Ora, finalmente, quel sogno stava per diventare realtà.

Il viaggio iniziò in modo tranquillo. Paolo aveva un posto vicino al finestrino e passava il tempo osservando il paesaggio. I campi verdi e i piccoli borghi scorrevano veloci mentre il treno si avvicinava sempre di più alla sua destinazione. Accanto a lui sedeva un'anziana signora con un sorriso gentile. Dopo alcuni minuti di silenzio, lei iniziò a parlare.

"È la prima volta che vai a Venezia?" chiese con curiosità.

"Sì," rispose Paolo, cercando di nascondere il suo entusiasmo. "Non vedo l'ora di vedere la città. E lei?"

"Oh, ci sono stata molte volte," rispose la donna. "È un luogo magico. Ma ogni volta che ci vado, scopro qualcosa di nuovo. Hai già pianificato cosa visitare?"

Paolo tirò fuori una mappa e cominciò a elencare i luoghi che voleva vedere: Piazza San Marco, il Ponte di Rialto, il Canal Grande.

The Train to Venice

Summary

Paolo visits Venice for the first time, discovering the beauty of its canals, bridges, and traditions. During his journey, he explores iconic landmarks and hidden corners, enjoying unique experiences such as a visit to Murano, a gondola ride, and dinner on the Grand Canal. Each moment deepens his love for the city, leaving him with unforgettable memories.

The sun was shining high in the sky as Paolo boarded the train bound for Venice. It was his first time visiting the city, and the excitement made his heart beat faster than usual. He had always dreamed of seeing the canals, bridges, and gondolas that often appeared in movies and books. Now, finally, that dream was about to become a reality.

The journey started peacefully. Paolo had a seat by the window and spent his time observing the scenery. The green fields and small villages sped by as the train got closer and closer to its destination. Beside him sat an elderly lady with a kind smile. After a few minutes of silence, she started to speak.

"Is this your first time going to Venice?" she asked curiously.

"Yes," Paolo replied, trying to hide his enthusiasm. "I can't wait to see the city. And you?"

"Oh, I've been there many times," the woman replied. "It's a magical place. But every time I go, I discover something new. Have you already planned what to visit?"

Paolo pulled out a map and began listing the places he wanted to see: St. Mark's Square, the Rialto Bridge, the Grand Canal.

La donna annuì, approvando le sue scelte. Poi aggiunse: "Ma non dimenticare di perderti nelle stradine. Venezia è fatta per essere scoperta piano piano, senza fretta."

Durante il viaggio, la donna gli raccontò storie affascinanti sulla città: come i veneziani un tempo costruivano le case sulle isole di legno, le feste del carnevale e le antiche tradizioni dei gondolieri. Paolo ascoltava affascinato, immaginando ogni dettaglio. Quando il treno attraversò il ponte che collega la terraferma a Venezia, il panorama cambiò improvvisamente. L'acqua scintillante della laguna sembrava accogliere i passeggeri con un saluto luminoso.

Arrivato alla stazione di Santa Lucia, Paolo scese dal treno con la sua valigia e un misto di emozione e curiosità. L'aria era fresca, e l'odore salmastro del mare gli riempiva i polmoni. Fece pochi passi fuori dalla stazione e si fermò. Davanti a lui c'era il Canal Grande, con le gondole che ondeggiavano dolcemente e i palazzi storici che si riflettevano sull'acqua. Era ancora più bello di quanto avesse immaginato.

Seguendo il consiglio della signora, Paolo decise di non seguire un itinerario rigido. Prese una mappa solo per orientarsi e si incamminò lungo una delle stradine laterali. Ogni angolo rivelava qualcosa di nuovo: un piccolo ponte, una piazza nascosta, un negozio di maschere. Si fermò in una pasticceria e assaggiò i dolci tipici veneziani, godendosi ogni boccone. La città sembrava sussurrare segreti in ogni dettaglio.

Quando il sole cominciò a tramontare, Paolo si trovò sul Ponte di Rialto. La vista era mozzafiato: il cielo dipinto di arancione e rosa, le luci delle case che si accendevano una ad una, e le gondole che scivolavano silenziose sull'acqua. Era il momento perfetto, il ricordo che avrebbe portato con sé per sempre.

Il giorno seguente, Paolo si svegliò presto, deciso a esplorare ogni angolo di Venezia.

The woman nodded, approving his choices. Then she added, "But don't forget to lose yourself in the little streets. Venice is meant to be discovered slowly, without rushing."

During the journey, the woman told him fascinating stories about the city: how the Venetians once built their houses on wooden islands, the Carnival festivities, and the ancient traditions of the gondoliers. Paolo listened, captivated, imagining every detail. When the train crossed the bridge connecting the mainland to Venice, the scenery suddenly changed. The sparkling water of the lagoon seemed to welcome the passengers with a radiant greeting.

Arriving at Santa Lucia station, Paolo stepped off the train with his suitcase and a mix of excitement and curiosity. The air was fresh, and the salty smell of the sea filled his lungs. He took a few steps outside the station and stopped. In front of him was the Grand Canal, with gondolas gently swaying and historic buildings reflecting on the water. It was even more beautiful than he had imagined.

Following the woman's advice, Paolo decided not to follow a rigid itinerary. He took a map just to orient himself and set off along one of the side streets. Every corner revealed something new: a small bridge, a hidden square, a mask shop. He stopped at a pastry shop and tasted traditional Venetian sweets, savoring every bite. The city seemed to whisper secrets in every detail.

As the sun began to set, Paolo found himself on the Rialto Bridge. The view was breathtaking: the sky painted in shades of orange and pink, the lights of the houses coming on one by one, and the gondolas silently gliding across the water. It was the perfect moment, a memory he would carry with him forever.

The next day, Paolo woke up early, determined to explore every corner of Venice.

Dopo una colazione leggera in una piccola caffetteria, prese un vaporetto per raggiungere l'isola di Murano, famosa per la sua tradizione secolare nella lavorazione del vetro. Durante il tragitto, osservava l'acqua che rifletteva il sole mattutino, un mosaico di luci e ombre che cambiava a ogni istante.

A Murano, Paolo visitò una fabbrica di vetro dove gli artigiani lavoravano con precisione e maestria. Ammirò come, da una semplice massa incandescente, nascessero oggetti di straordinaria bellezza: bicchieri, vasi, sculture. Acquistò un piccolo pendente di vetro come ricordo della visita, un simbolo tangibile della magia che aveva visto con i suoi occhi.

Tornato a Venezia, decise di visitare la Basilica di San Marco. La piazza era gremita di turisti, ma l'imponenza della basilica lo lasciò senza fiato. Entrando, fu avvolto dalla magnificenza dei mosaici dorati che raccontavano storie antiche. Sedette per qualche minuto in silenzio, lasciandosi ispirare dalla bellezza e dalla serenità del luogo.

Nel pomeriggio, Paolo si concesse una pausa in un caffè storico, il Caffè Florian. Ordinò un espresso e un pezzo di tiramisù, godendosi l'atmosfera elegante e le melodie di un quartetto che suonava dal vivo. Osservava la gente passare, immaginando le loro storie e riflettendo su quanto Venezia fosse diversa da qualsiasi altro luogo che avesse mai visitato.

Più tardi, decise di fare un giro in gondola. Nonostante fosse un'esperienza turistica, Paolo voleva vedere la città da un'altra prospettiva. Il gondoliere, un uomo anziano con una voce profonda, raccontò storie della sua infanzia a Venezia e delle tradizioni che si tramandavano di generazione in generazione. Attraversando i canali stretti, Paolo notò dettagli che non aveva visto camminando: piccoli balconi decorati con fiori, finestre illuminate che rivelavano interni accoglienti e frammenti di conversazioni che si perdevano nell'aria.

La giornata si concluse con una cena in un ristorante sul Canal Grande. Paolo ordinò piatti tipici veneziani: sarde in saor, risotto al nero di seppia e, per finire, un bicchiere di vino bianco locale. Mentre cenava, guardava le luci delle gondole che danzavano sull'acqua e sentiva il rumore gentile delle onde. Era un momento perfetto, un modo ideale per chiudere una giornata indimenticabile.

After a light breakfast in a small café, he took a vaporetto to reach the island of Murano, famous for its centuries-old glassmaking tradition. During the ride, he watched the water reflecting the morning sun, a mosaic of light and shadow that changed with every passing moment.

In Murano, Paolo visited a glass factory where artisans worked with precision and skill. He admired how, from a simple molten mass, objects of extraordinary beauty were created: glasses, vases, sculptures. He purchased a small glass pendant as a souvenir, a tangible symbol of the magic he had witnessed with his own eyes.

Back in Venice, he decided to visit St. Mark's Basilica. The square was crowded with tourists, but the grandeur of the basilica left him breathless. Upon entering, he was enveloped by the magnificence of the golden mosaics that told ancient stories. He sat for a few minutes in silence, letting himself be inspired by the beauty and serenity of the place.

In the afternoon, Paolo took a break at a historic café, Caffè Florian. He ordered an espresso and a piece of tiramisu, enjoying the elegant atmosphere and the melodies of a live quartet. He watched people passing by, imagining their stories and reflecting on how Venice was unlike any other place he had ever visited.

Later, he decided to take a gondola ride. Even though it was a touristy experience, Paolo wanted to see the city from another perspective. The gondolier, an older man with a deep voice, shared stories of his childhood in Venice and the traditions passed down through generations. As they navigated the narrow canals, Paolo noticed details he had missed while walking: small balconies adorned with flowers, illuminated windows revealing cozy interiors, and snippets of conversations that faded into the air.

The day ended with dinner at a restaurant along the Grand Canal. Paolo ordered typical Venetian dishes: sarde in saor, black squid ink risotto, and, to finish, a glass of local white wine. As he dined, he watched the lights of the gondolas dancing on the water and listened to the gentle sound of the waves. It was a perfect moment, an ideal way to close an unforgettable day.

Quando tornò al suo alloggio, Paolo si sentiva pieno di gratitudine. Venezia non era solo una città da vedere, ma un luogo da vivere e sentire. Si addormentò con il cuore leggero, sapendo che quei ricordi sarebbero rimasti con lui per sempre. Venezia lo aveva accolto, gli aveva raccontato le sue storie e, in cambio, lui le aveva dato una parte del suo cuore.

Vocabulary List

1. **Treno** - Train
2. **Laguna** - Lagoon
3. **Gondola** - Gondola
4. **Vaporetto** - Waterbus
5. **Basilica** - Basilica
6. **Mosaico** - Mosaic
7. **Tiramisù** - Tiramisu
8. **Sarde in saor** - Sardines in sweet and sour sauce
9. **Risotto al nero di seppia** - Squid ink risotto
10. **Vetro di Murano** - Murano glass
11. **Canale** - Canal
12. **Alloggio** - Accommodation

Questions

1. **Cosa prova Paolo quando arriva a Venezia?**
o a) Ansia
o b) Curiosità
o c) Indifferenza
o d) Delusione
o e) Nostalgia

2. **Cosa acquista Paolo a Murano?**
o a) Un vaso di vetro

When he returned to his lodging, Paolo felt full of gratitude. Venice wasn't just a city to see but a place to experience and feel. He fell asleep with a light heart, knowing that those memories would stay with him forever. Venice had welcomed him, told him its stories, and, in return, he had given it a piece of his heart.

---

o   b) Un pendente di vetro

o   c) Una gondola in miniatura

o   d) Un libro sull'arte veneziana

o   e) Una mappa della città

3.   **Dove si concede una pausa Paolo nel pomeriggio?**

o   a) Al Ponte di Rialto

o   b) Al Caffè Florian

o   c) In una trattoria locale

o   d) In una pasticceria

o   e) Alla Basilica di San Marco

4.   **Quale piatto tipico mangia Paolo durante la cena?**

o   a) Pasta al pesto

o   b) Ossobuco

o   c) Pizza Margherita

o   d) Risotto alla milanese

o   e) Sarde in saor

5.   **Come descrive Paolo la sua esperienza a Venezia?**

o   a) Una città caotica

o   b) Un luogo magico e unico

o   c) Un'esperienza deludente

o   d) Una meta sopravvalutata

o   e) Un viaggio ordinario

Un'Avventura Culinaria a Bologna

Riassunto

Luca visita Bologna, la capitale culinaria d'Italia, per un fine settimana. Durante il viaggio, esplora mercati, partecipa a un corso di cucina, degusta vini e assapora piatti tradizionali. Ogni esperienza lo connette con la cultura della città, lasciandogli ricordi indelebili e una nuova prospettiva sul legame tra cibo e tradizione.

Luca aveva sempre sentito parlare di Bologna come la capitale gastronomica d'Italia. Cresciuto in una piccola città del sud, sognava da anni di visitare la famosa "grassa" città dell'Emilia-Romagna, conosciuta per i suoi tortellini, il ragù e i salumi pregiati. Finalmente, dopo aver risparmiato per mesi, decise di regalarsi un fine settimana all'insegna della scoperta culinaria.

Arrivò a Bologna in una fresca mattina autunnale. La città lo accolse con i suoi portici infiniti e le strade vivaci piene di gente. Il suo primo obiettivo era visitare il Mercato di Mezzo, uno dei luoghi più rinomati per gli amanti del cibo. Qui, i colori delle verdure fresche, i profumi delle spezie e i banchi pieni di formaggi e salumi lo lasciarono senza fiato.

Luca si fermò davanti a una bancarella che esponeva mortadelle di diverse dimensioni. L'anziano venditore, con un sorriso gentile, gli offrì un assaggio. "Questa è la vera mortadella bolognese," disse con orgoglio. Luca chiuse gli occhi mentre assaporava il gusto ricco e delicato. Era solo l'inizio della sua avventura.

Dopo aver esplorato il mercato, decise di seguire un corso di cucina organizzato da un'osteria locale.

A Culinary Adventure in Bologna

Summary

Luca visits Bologna, Italy's culinary capital, for a weekend. He explores markets, joins a cooking class, tastes wines, and enjoys traditional dishes. Each experience connects him to the city's culture, leaving him with lasting memories and a deeper appreciation of the bond between food and tradition.

Luca had always heard of Bologna as Italy's gastronomic capital. Growing up in a small town in the south, he had dreamed for years of visiting the famous "fat" city of Emilia-Romagna, renowned for its tortellini, ragù, and exquisite cured meats. Finally, after saving for months, he decided to treat himself to a weekend dedicated to culinary discovery.

He arrived in Bologna on a crisp autumn morning. The city welcomed him with its endless arcades and lively streets filled with people. His first goal was to visit the Mercato di Mezzo, one of the most renowned places for food lovers. There, the vibrant colors of fresh vegetables, the aromas of spices, and the stalls brimming with cheeses and cured meats left him speechless.

Luca stopped in front of a stall displaying mortadellas of various sizes. The elderly vendor, with a kind smile, offered him a taste. "This is true Bolognese mortadella," he said proudly. Luca closed his eyes as he savored the rich and delicate flavor. It was just the beginning of his adventure.

After exploring the market, he decided to join a cooking class organized by a local osteria.

La lezione era dedicata alla preparazione dei tortellini, un'arte che richiedeva precisione e pazienza. L'insegnante, una signora energica di nome Maria, spiegò con passione le origini di questo piatto tradizionale. "Ogni tortellino deve essere perfetto," disse, mostrando come piegare la pasta con delicatezza. Luca, inizialmente impacciato, si esercitò con dedizione, e alla fine riuscì a creare tortellini che Maria definì "degni di un bolognese."

La giornata continuò con una passeggiata nel centro storico. Luca si perse tra le torri medievali e le botteghe artigianali. Ogni angolo sembrava raccontare una storia, e la bellezza della città lo affascinava sempre di più. Si fermò in una piccola trattoria per il pranzo, dove ordinò un piatto di tagliatelle al ragù. Il sapore intenso del sugo, che cuoceva lentamente da ore, lo fece sorridere. Era un'esperienza che andava oltre il semplice mangiare: era come assaporare l'anima di Bologna.

Mentre il sole iniziava a calare, Luca decise di visitare una famosa enoteca per degustare i vini locali. Qui conobbe Elena, una giovane sommelier che lo guidò attraverso una selezione di Lambrusco e Pignoletto. Ogni sorso era accompagnato da una spiegazione dettagliata sulla storia e le caratteristiche del vino. Luca si sentiva come un esploratore che scopriva nuovi mondi attraverso i sapori.

La serata si concluse in piazza Maggiore, dove un gruppo di musicisti suonava dal vivo. Con un bicchiere di vino in mano e il cuore pieno di gratitudine, Luca pensò che Bologna era molto più di una città: era un viaggio nei sensi, un luogo dove il cibo raccontava storie di tradizione e amore. Sapeva che quel fine settimana sarebbe stato solo l'inizio di una lunga relazione con la capitale culinaria d'Italia.

Il secondo giorno iniziò con una visita alla famosa Torre degli Asinelli. Nonostante i suoi 498 gradini, Luca era determinato a raggiungere la cima per godere della vista panoramica della città. La salita fu impegnativa, ma una volta in alto, la bellezza del paesaggio lo lasciò senza fiato. Da lì poteva vedere i tetti rossi di Bologna, i portici che sembravano infiniti e la campagna circostante. Era come osservare un quadro vivente.

The lesson focused on the preparation of tortellini, an art that required precision and patience. The instructor, an energetic woman named Maria, passionately explained the origins of this traditional dish. "Every tortellino must be perfect," she said, demonstrating how to fold the pasta delicately. Luca, initially clumsy, practiced with dedication, and in the end, he managed to create tortellini that Maria described as "worthy of a Bolognese."

The day continued with a stroll through the historic center. Luca wandered among medieval towers and artisan shops. Every corner seemed to tell a story, and the city's beauty captivated him more and more. He stopped at a small trattoria for lunch, where he ordered a plate of tagliatelle al ragù. The intense flavor of the sauce, which had been simmering for hours, made him smile. It was an experience that went beyond mere eating—it was like tasting the soul of Bologna.

As the sun began to set, Luca decided to visit a famous wine bar to sample local wines. There he met Elena, a young sommelier who guided him through a selection of Lambrusco and Pignoletto. Each sip was accompanied by a detailed explanation of the wine's history and characteristics. Luca felt like an explorer discovering new worlds through flavors.

The evening ended in Piazza Maggiore, where a group of musicians was performing live. With a glass of wine in hand and his heart full of gratitude, Luca thought that Bologna was much more than a city: it was a journey for the senses, a place where food told stories of tradition and love. He knew that this weekend would be just the beginning of a long relationship with Italy's culinary capital.

The second day began with a visit to the famous Torre degli Asinelli. Despite its 498 steps, Luca was determined to reach the top to enjoy the panoramic view of the city. The climb was challenging, but once at the top, the beauty of the landscape left him breathless. From there, he could see Bologna's red rooftops, the seemingly endless arcades, and the surrounding countryside. It was like looking at a living painting.

Dopo la discesa, si fermò in una bottega artigianale che produceva sfoglia fresca. Il proprietario, un uomo anziano con mani esperte, mostrò a Luca come si preparava la pasta all'uovo secondo la tradizione. "La pasta è il cuore della cucina bolognese," disse l'uomo. Luca comprò un pacchetto di tortellini freschi da portare a casa, un piccolo pezzo di Bologna da condividere con la sua famiglia.

Nel pomeriggio, decise di esplorare il quartiere universitario. Le strade erano piene di studenti, librerie e caffè accoglienti. Si fermò in una biblioteca storica, dove trovò antichi manoscritti e libri sulla cucina emiliana. Sfogliando le pagine ingiallite, si rese conto di quanto profonda fosse la connessione tra Bologna e il suo patrimonio culinario.

Per cena, Luca scelse un'osteria consigliata da Elena. Lì assaggiò una selezione di piatti tipici: lasagne verdi, crescentine con salumi e, per dessert, una torta di riso. Ogni boccone era un viaggio nella tradizione, un tributo alle generazioni che avevano preservato quei sapori.

La serata si concluse con una passeggiata sotto i portici illuminati. Luca rifletteva su tutto ciò che aveva vissuto in quei due giorni: la bellezza della città, la passione delle persone e la ricchezza del cibo. Bologna non era solo un luogo da visitare, ma un'esperienza da vivere con tutti i sensi.

Tornando alla stazione il giorno successivo, con i tortellini freschi nella valigia e il cuore pieno di ricordi, Luca sapeva che avrebbe portato con sé per sempre l'essenza di Bologna. La sua avventura culinaria gli aveva insegnato che il cibo è più di un piacere: è un modo per connettersi con la cultura e le persone. E Bologna, con la sua generosità e autenticà, lo aveva accolto come un vecchio amico.

Vocabulary List

1. **Portico** - Arcade
2. **Mortadella** - Bologna sausage
3. **Tortellini** - Small stuffed pasta
4. **Ragù** - Meat sauce
5. **Enoteca** - Wine bar

After descending, he stopped at an artisan shop that produced fresh pasta. The owner, an elderly man with skilled hands, showed Luca how to make egg pasta according to tradition. "Pasta is the heart of Bolognese cuisine," the man said. Luca bought a packet of fresh tortellini to take home—a small piece of Bologna to share with his family.

In the afternoon, he decided to explore the university district. The streets were bustling with students, bookstores, and cozy cafés. He stopped at a historic library, where he found ancient manuscripts and books about Emilian cuisine. Flipping through the yellowed pages, he realized how deeply Bologna's culinary heritage was intertwined with its identity.

For dinner, Luca chose an osteria recommended by Elena. There, he sampled a selection of typical dishes: green lasagna, crescentine with cured meats, and for dessert, a rice cake. Every bite was a journey into tradition, a tribute to the generations that had preserved those flavors.

The evening ended with a walk under the illuminated arcades. Luca reflected on everything he had experienced in those two days: the beauty of the city, the passion of its people, and the richness of its food. Bologna wasn't just a place to visit—it was an experience to be lived with all the senses.

Heading back to the station the next day, with fresh tortellini in his suitcase and his heart full of memories, Luca knew he would carry the essence of Bologna with him forever. His culinary adventure had taught him that food is more than a pleasure—it's a way to connect with culture and people. And Bologna, with its generosity and authenticity, had welcomed him like an old friend.

6. **Sommelier** - Wine expert
7. **Sfoglia** - Fresh pasta dough
8. **Lasagne verdi** - Green lasagna
9. **Crescentine** - Fried bread with salami
10. **Torta di riso** - Rice cake
11. **Torre degli Asinelli** - Tower of the Asinelli
12. **Manoscritto** - Manuscript

Questions

1. Cosa spinge Luca a visitare Bologna?

o   a) Il desiderio di vedere i portici

o   b) La fama della cucina bolognese

o   c) La passione per la musica

o   d) La ricerca di un nuovo lavoro

o   e) Una visita a un amico

2. Dove si ferma Luca per imparare a fare i tortellini?

o   a) In un mercato

o   b) In un'osteria locale

o   c) In una bottega artigianale

o   d) In una scuola di cucina

o   e) In una trattoria

3. Quale piatto tradizionale assaggia Luca durante il pranzo?

o   a) Pizza Margherita

o   b) Tagliatelle al ragù

o   c) Risotto alla milanese

o   d) Carbonara

o   e) Gnocchi al pesto

4. Che cosa compra Luca in una bottega artigianale?

o   a) Un libro di ricette

o   b) Tortellini freschi

o   c) Una bottiglia di vino

o   d) Formaggio Parmigiano

o   e) Un souvenir

5. Quale emozione descrive meglio l'esperienza di Luca a Bologna?

o   a) Delusione

o   b) Nostalgia

o   c) Gratitudine

o   d) Frustrazione

o   e) Ansia

Una Giornata al Foro Romano

Riassunto

Chiara visita il Foro Romano per la prima volta, esplorando luoghi come l'Arco di Settimio Severo, il Tempio di Saturno e la Casa delle Vestali. Attraverso il viaggio, immagina la vita nell'antica Roma e sente una connessione profonda con la storia. La giornata si conclude con una vista spettacolare dal Palatino e un senso di gratitudine per l'esperienza vissuta.

Chiara non era mai stata a Roma prima d'ora. Dopo anni di studio sulla storia antica all'università, finalmente aveva deciso di visitare la Città Eterna. Tra tutti i luoghi storici, il Foro Romano era quello che desiderava vedere di più. La sola idea di camminare tra le rovine dove un tempo si discuteva di politica, si tenevano celebrazioni e si facevano commerci la emozionava profondamente.

La giornata iniziò presto. Chiara si alzò all'alba e, con una guida turistica e una bottiglia d'acqua nello zaino, si avviò verso il Foro Romano. Le strade erano ancora tranquille, e l'aria fresca del mattino le dava energia. Arrivata all'ingresso, rimase senza fiato davanti alla maestosità delle rovine. Colonne, archi e pietre antiche si stagliavano contro il cielo azzurro, raccontando storie di un'epoca passata.

Seguendo la mappa, Chiara cominciò il suo tour partendo dall'Arco di Settimio Severo. Qui, si fermò a leggere le iscrizioni incise sulla pietra, immaginando i soldati che un tempo marciavano sotto quell'arco dopo le vittorie in battaglia. Il sole cominciava a salire, e le rovine assumevano un colore dorato che le rendeva ancora più suggestive.

A Day at the Roman Forum

Summary

Chiara visits the Roman Forum for the first time, exploring landmarks such as the Arch of Septimius Severus, the Temple of Saturn, and the House of the Vestals. Throughout her journey, she imagines life in ancient Rome and feels a profound connection to history. The day ends with a spectacular view from Palatine Hill and a deep sense of gratitude for the experience.

Chiara had never been to Rome before. After years of studying ancient history at university, she had finally decided to visit the Eternal City. Among all the historic sites, the Roman Forum was the one she most longed to see. The very idea of walking among the ruins where politics were debated, celebrations were held, and trade took place thrilled her deeply.

The day began early. Chiara rose at dawn and, with a guidebook and a bottle of water in her backpack, set out for the Roman Forum. The streets were still quiet, and the cool morning air energized her. Upon arriving at the entrance, she was awestruck by the grandeur of the ruins. Columns, arches, and ancient stones stood against the blue sky, telling stories of a bygone era.

Following the map, Chiara began her tour at the Arch of Septimius Severus. There, she paused to read the inscriptions carved into the stone, imagining the soldiers who once marched beneath the arch after their victories in battle. The sun was beginning to rise, casting a golden hue over the ruins that made them even more enchanting.

Proseguendo, raggiunse la Curia, l'antica sede del Senato Romano. Mentre si trovava lì, cercò di immaginare i senatori in toga bianca che discutevano questioni politiche cruciali. Chiara sentì una profonda connessione con il passato, come se il luogo avesse mantenuto l'eco di quelle discussioni antiche. Scattò alcune foto per ricordare il momento, ma si prese anche del tempo per osservare il luogo con attenzione e lasciare che le emozioni la attraversassero.

Camminando più avanti, trovò il Tempio di Saturno. Le alte colonne che ancora svettavano nel cielo le ricordarono la grandezza della civiltà romana. Una guida locale che accompagnava un gruppo vicino spiegò che lì si custodiva il tesoro pubblico. Chiara si avvicinò per ascoltare e imparò qualcosa di nuovo su quel luogo affascinante.

Verso mezzogiorno, il caldo cominciava a farsi sentire. Chiara trovò un angolo all'ombra vicino al Tempio di Vesta e decise di fare una pausa. Mangiò un panino e bevve un po' d'acqua, osservando il via vai dei turisti e immaginando come doveva essere la vita quotidiana al tempo dei Romani. Il Foro era pieno di dettagli che sembravano sussurrare storie, e lei non si stancava mai di scoprirli.

Dopo il pranzo, continuò il suo percorso fino alla Basilica di Massenzio. La grandiosità delle arcate la impressionò. Anche se il tempo aveva lasciato il segno, la struttura conservava un senso di potenza e importanza. Chiara si sedette per qualche minuto, lasciando che l'immensità del luogo la avvolgesse.

La giornata non era ancora finita, ma Chiara sentiva già che il Foro Romano aveva superato tutte le sue aspettative. Ogni passo che faceva tra le rovine la avvicinava a un pezzo di storia, rendendo viva la conoscenza che aveva acquisito sui libri. Con un sorriso, si preparò a scoprire ancora di più.

Nel pomeriggio, Chiara decise di visitare il Tempio di Antonino e Faustina, un luogo che aveva sempre trovato affascinante nei suoi studi. Le colonne imponenti e le decorazioni scolpite erano un testamento alla maestria degli antichi Romani. Si soffermò a leggere le informazioni sulla trasformazione del tempio in una chiesa durante il Medioevo, un dettaglio che le fece riflettere su come ogni epoca lasci il suo segno.

Continuing on, she reached the Curia, the ancient seat of the Roman Senate. As she stood there, she tried to imagine the senators in their white togas debating critical political issues. Chiara felt a deep connection to the past, as if the place still echoed with those ancient discussions. She took a few photos to remember the moment but also took time to observe the site closely and let the emotions wash over her.

Walking further, she found the Temple of Saturn. The tall columns towering against the sky reminded her of the grandeur of Roman civilization. A local guide leading a nearby group explained that the public treasury was once kept there. Chiara stepped closer to listen, learning something new about this fascinating place.

By midday, the heat was starting to take its toll. Chiara found a shady spot near the Temple of Vesta and decided to take a break. She ate a sandwich and drank some water, watching the comings and goings of tourists and imagining what daily life must have been like in Roman times. The Forum was full of details that seemed to whisper stories, and she never tired of discovering them.

After lunch, she continued her tour to the Basilica of Maxentius. The grandeur of the arches left her in awe. Although time had left its mark, the structure still exuded a sense of power and significance. Chiara sat down for a few minutes, letting the immensity of the place envelop her.

The day wasn't over yet, but Chiara already felt that the Roman Forum had exceeded all her expectations. Every step she took among the ruins brought her closer to a piece of history, making the knowledge she had gained from books come alive. With a smile, she prepared to discover even more.

In the afternoon, Chiara decided to visit the Temple of Antoninus and Faustina, a site she had always found fascinating in her studies. The imposing columns and carved decorations were a testament to the skill of the ancient Romans. She lingered to read about the temple's transformation into a church during the Middle Ages, a detail that made her reflect on how each era leaves its mark.

Successivamente, si diresse verso la Casa delle Vestali. Questo complesso, un tempo abitato dalle sacerdotesse di Vesta, le trasmetteva un senso di mistero e riverenza. Mentre camminava tra le statue e i giardini, immaginava le vestali nelle loro vesti bianche che custodivano il fuoco sacro. Una guida le spiegò che le vestali erano tra le figure più rispettate dell'antica Roma, un ruolo che richiedeva disciplina e dedizione assoluta.

Proseguendo, raggiunse l'Arco di Tito, un altro simbolo di vittoria e potere. Chiara si fermò a osservare i rilievi che rappresentavano la conquista di Gerusalemme, rimanendo colpita dalla ricchezza dei dettagli. Ogni scena scolpita sembrava raccontare una storia, un frammento di vita dell'antica Roma. Si chiese quante persone, nei secoli, avessero osservato quelle stesse immagini, condividendo il suo stesso stupore.

Nel tardo pomeriggio, il sole iniziò a calare, tingendo le rovine di una luce calda e dorata. Chiara si ritrovò al Tempio di Giulio Cesare, il luogo dove il grande condottiero era stato cremato. Una piccola folla di turisti si era radunata lì, e alcuni lasciavano fiori in omaggio. Chiara trovò il gesto commovente, un segno di come la memoria di Cesare fosse ancora viva dopo duemila anni.

Prima di concludere la giornata, salì sul Palatino, la collina dove si dice che Roma sia stata fondata. Dall'alto, poteva vedere l'intero Foro Romano e gran parte della città moderna. La vista era spettacolare, un mix perfetto di antico e moderno. Chiara si sedette su una panchina, lasciando che la brezza leggera le accarezzasse il viso. Pensava a quanto fosse privilegiata ad avere l'opportunità di trovarsi lì, in un luogo che aveva sognato per anni.

Mentre il cielo si tingeva di arancione e viola, Chiara iniziò a scendere lentamente, con il cuore pieno di gratitudine. Ogni angolo del Foro Romano le aveva raccontato una storia, ogni pietra aveva aggiunto un tassello al mosaico della sua comprensione del passato. Con un ultimo sguardo alle rovine illuminate dalla luce del tramonto, si avviò verso l'uscita, sapendo che quel giorno sarebbe rimasto impresso nella sua memoria per sempre.

Next, she headed to the House of the Vestals. This complex, once inhabited by the priestesses of Vesta, evoked a sense of mystery and reverence. As she walked among the statues and gardens, she imagined the Vestals in their white robes tending to the sacred fire. A guide explained that the Vestals were among the most respected figures in ancient Rome, a role that demanded discipline and absolute dedication.

Continuing on, she arrived at the Arch of Titus, another symbol of victory and power. Chiara stopped to admire the reliefs depicting the conquest of Jerusalem, struck by the richness of the details. Each carved scene seemed to tell a story, a fragment of life from ancient Rome. She wondered how many people, over the centuries, had gazed at the same images, sharing her sense of awe.

In the late afternoon, the sun began to set, bathing the ruins in a warm golden light. Chiara found herself at the Temple of Julius Caesar, the site where the great leader had been cremated. A small crowd of tourists had gathered there, some leaving flowers in tribute. Chiara found the gesture moving, a sign of how Caesar's memory still lived on after two thousand years.

Before concluding her day, she climbed the Palatine Hill, the place where Rome is said to have been founded. From the top, she could see the entire Roman Forum and much of the modern city. The view was spectacular—a perfect blend of ancient and modern. Chiara sat on a bench, letting the light breeze brush her face. She thought about how privileged she was to be there, in a place she had dreamed of for years.

As the sky turned shades of orange and purple, Chiara began her slow descent, her heart full of gratitude. Every corner of the Roman Forum had told her a story, every stone had added a piece to the mosaic of her understanding of the past. With one last look at the ruins glowing in the sunset, she made her way toward the exit, knowing that this day would remain etched in her memory forever.

Vocabulary List

1. **Foro Romano** - Roman Forum

2. **Colonne** - Columns

3. **Arco** - Arch

4. **Senato** - Senate

5. **Curia** - Curia

6. **Tesoro pubblico** - Public treasury

7. **Vestali** - Vestal Virgins

8. **Rilievi** - Reliefs

9. **Tempio** - Temple

10. **Basilica** - Basilica

11. **Palatino** - Palatine Hill

12. **Fuoco sacro** - Sacred fire

Questions

1. **Perché Chiara visita il Foro Romano?**

o   a) Per un progetto universitario

o   b) Perché ha sempre sognato di vedere le rovine

o   c) Per accompagnare un amico

o   d) Per partecipare a una guida turistica

o   e) Per fare ricerca storica

2. **Quale monumento visita Chiara per primo?**

o   a) Tempio di Saturno

o   b) Arco di Settimio Severo

o   c) Casa delle Vestali

o   d) Basilica di Massenzio

o   e) Arco di Tito

3. Dove Chiara immagina i senatori romani discutere di politica?

o   a) Alla Casa delle Vestali

o   b) Alla Basilica di Massenzio

o   c) Alla Curia

o   d) Al Tempio di Giulio Cesare

o   e) Al Palatino

4. Cosa rappresentano i rilievi dell'Arco di Tito?

o   a) La conquista di Gerusalemme

o   b) La fondazione di Roma

o   c) La costruzione della Curia

o   d) La vita quotidiana dei Romani

o   e) Le celebrazioni del Senato

5. Come si sente Chiara alla fine della giornata?

o   a) Delusa dall'esperienza

o   b) Stanca e annoiata

o   c) Grata e ispirata

o   d) Ansiosa di tornare a casa

o   e) Indifferente alle rovine

Una Storia d'Amore Toscana

Riassunto

Sofia, una fotografa milanese, visita la Toscana per catturare la bellezza della campagna. Nel piccolo villaggio di San Gimignano, incontra Marco, un viticoltore locale. Attraverso il tempo trascorso insieme, Sofia scopre non solo le tradizioni e le storie della terra, ma anche un legame speciale che le cambierà la vita.

Sofia non avrebbe mai immaginato che un semplice viaggio in Toscana avrebbe cambiato per sempre la sua vita. Era un'estate calda, e Sofia, una giovane fotografa di Milano, aveva deciso di trascorrere una settimana nella campagna toscana per lavorare su un progetto personale. Il suo obiettivo era catturare la bellezza autentica dei borghi antichi e dei paesaggi collinari.

Arrivò in un piccolo villaggio chiamato San Gimignano, famoso per le sue torri medievali e le stradine acciottolate. L'atmosfera del luogo era magica: l'odore del pane appena sfornato, il suono delle campane e il sorriso accogliente degli abitanti le fecero subito sentire a casa. Sofia trovò alloggio in un agriturismo immerso tra i vigneti, gestito da una famiglia locale.

Il primo giorno, armata della sua macchina fotografica, Sofia si avventurò tra le colline. Ogni angolo sembrava una cartolina: campi di girasoli, uliveti e filari di vite che si estendevano a perdita d'occhio. Mentre scattava foto, notò una figura in lontananza. Era un uomo alto, con un cappello di paglia, che lavorava in un vigneto. La scena la colpì per la sua semplicità e bellezza, così decise di avvicinarsi.

A Tuscan Love Story

Summary

Sofia, a photographer from Milan, visits Tuscany to capture the beauty of the countryside. In the small village of San Gimignano, she meets Marco, a local winemaker. Through their time together, Sofia discovers not only the traditions and stories of the land but also a special connection that will change her life.

Sofia would never have imagined that a simple trip to Tuscany would change her life forever. It was a hot summer, and Sofia, a young photographer from Milan, had decided to spend a week in the Tuscan countryside to work on a personal project. Her goal was to capture the authentic beauty of ancient villages and rolling landscapes.

She arrived in a small village called San Gimignano, famous for its medieval towers and cobblestone streets. The atmosphere of the place was magical: the smell of freshly baked bread, the sound of church bells, and the welcoming smiles of the locals immediately made her feel at home. Sofia found accommodation in a farmhouse surrounded by vineyards, run by a local family.

On her first day, armed with her camera, Sofia ventured into the hills. Every corner looked like a postcard: fields of sunflowers, olive groves, and rows of vines stretching as far as the eye could see. As she took photos, she noticed a figure in the distance. It was a tall man wearing a straw hat, working in a vineyard. The scene struck her with its simplicity and beauty, so she decided to approach.

"Buongiorno," disse timidamente Sofia, cercando di non interrompere il lavoro dell'uomo. Lui si girò e le rivolse un sorriso caloroso.

"Buongiorno. Posso aiutarla?" rispose con un accento toscano marcato.

Sofia spiegò il suo progetto fotografico e chiese se poteva scattare qualche foto del vigneto. L'uomo, che si presentò come Marco, accettò con piacere. Mentre Sofia lavorava, Marco le raccontò la storia del vigneto, che apparteneva alla sua famiglia da generazioni. Parlava con passione del vino, della terra e della vita semplice in campagna. Le sue parole erano così sincere che Sofia sentì di essere entrata in un altro mondo.

Dopo aver finito le foto, Marco la invitò a visitare la cantina. Lì, tra botti di legno e profumo di mosto, le offrì un bicchiere di Chianti prodotto dalla sua famiglia. "Questo è il cuore della nostra terra," disse Marco, sollevando il bicchiere per un brindisi. Sofia assaporò il vino e rimase colpita dal suo sapore autentico, come se racchiudesse l'essenza della Toscana.

Quella sera, tornata all'agriturismo, Sofia non riusciva a smettere di pensare a Marco e alle sue storie. Decise che avrebbe dedicato il giorno seguente a esplorare ancora di più quel vigneto e a conoscere meglio la vita di chi lo coltivava. Non sapeva ancora che quel viaggio avrebbe preso una piega del tutto inaspettata.

Il mattino seguente, Sofia tornò al vigneto con una nuova idea: raccontare la storia di Marco e della sua famiglia attraverso una serie di fotografie. Quando lo trovò, intento a potare le viti, gli spiegò il suo progetto. Marco sorrise e accettò entusiasta. Passarono la giornata insieme, mentre Sofia documentava ogni dettaglio: le mani di Marco che lavoravano la terra, i grappoli d'uva che iniziavano a maturare sotto il sole, e il vecchio trattore che aveva accompagnato la famiglia per decenni.

Durante le pause, Marco raccontò a Sofia storie della sua infanzia, di come suo nonno gli avesse insegnato a riconoscere la qualità dell'uva e di come ogni vendemmia fosse una celebrazione per tutta la famiglia.

"Good morning," Sofia said shyly, trying not to interrupt the man's work. He turned and gave her a warm smile.

"Good morning. Can I help you?" he replied in a thick Tuscan accent.

Sofia explained her photography project and asked if she could take some pictures of the vineyard. The man, who introduced himself as Marco, gladly agreed. While Sofia worked, Marco told her the story of the vineyard, which had been in his family for generations. He spoke passionately about the wine, the land, and the simple life in the countryside. His words were so heartfelt that Sofia felt as though she had stepped into another world.

After finishing her photos, Marco invited her to visit the cellar. There, among wooden barrels and the aroma of must, he offered her a glass of Chianti produced by his family. "This is the heart of our land," Marco said, raising his glass for a toast. Sofia savored the wine, struck by its authentic flavor, as if it captured the very essence of Tuscany.

That evening, back at the farmhouse, Sofia couldn't stop thinking about Marco and his stories. She decided she would dedicate the next day to exploring more of the vineyard and learning about the lives of those who cultivated it. She didn't yet know that this trip would take a completely unexpected turn.

The next morning, Sofia returned to the vineyard with a new idea: to tell the story of Marco and his family through a series of photographs. When she found him pruning the vines, she explained her project. Marco smiled and eagerly agreed. They spent the day together, with Sofia documenting every detail: Marco's hands working the soil, the grape clusters ripening under the sun, and the old tractor that had served the family for decades.

During breaks, Marco shared stories of his childhood—how his grandfather had taught him to recognize the quality of the grapes and how every harvest was a celebration for the entire family.

Sofia si accorse che non stava solo scattando foto; stava creando un legame con quella terra e con le persone che la abitavano.

La sera, Marco invitò Sofia a cena nella casa di famiglia. La tavola era imbandita con piatti tradizionali: panzanella, pici al ragù e crostata di marmellata fatta in casa. Mentre mangiavano, la madre di Marco le mostrò un album di foto di famiglia. Sofia si sentì parte di quella storia, come se fosse sempre stata lì.

Dopo cena, Marco la portò su una collina vicina per vedere il tramonto. Il cielo si tingeva di arancione e rosa, e le colline toscane sembravano avvolte in una luce dorata. Marco guardò Sofia e disse: "Sai, non ho mai pensato che un giorno avrei raccontato la mia vita a qualcuno in questo modo. È strano, ma sembra naturale farlo con te."

Sofia sentì il cuore battere più forte. Anche lei provava qualcosa di speciale, ma non sapeva come esprimerlo. Restarono in silenzio, guardando il sole scomparire dietro le colline, consapevoli che quel momento sarebbe rimasto con loro per sempre.

I giorni successivi furono un susseguirsi di risate, racconti e scoperte. Sofia continuò a fotografare, mentre Marco la guidava attraverso i luoghi più belli e nascosti della campagna toscana. Alla fine della settimana, quando arrivò il momento di partire, Sofia si rese conto che quel viaggio le aveva dato molto più di una collezione di immagini: le aveva dato un nuovo inizio.

Vocabulary List

1. **Vigneto** - Vineyard

2. **Agriturismo** - Farmhouse accommodation

3. **Botti di legno** - Wooden barrels

4. **Mosto** - Must (unfermented grape juice)

5. **Panzanella** - Tuscan bread salad

6. **Pici al ragù** - Thick pasta with meat sauce

7. **Crostata di marmellata** - Jam tart

Sofia realized that she wasn't just taking photos; she was forming a connection with the land and the people who lived there.

That evening, Marco invited Sofia to dinner at his family home. The table was laden with traditional dishes: panzanella, pici with ragù, and a homemade jam tart. As they ate, Marco's mother showed her a family photo album. Sofia felt like part of their story, as if she had always been there.

After dinner, Marco took her to a nearby hill to watch the sunset. The sky was painted in shades of orange and pink, and the Tuscan hills were wrapped in a golden light. Marco looked at Sofia and said, "You know, I never thought I'd share my life story with someone like this. It feels strange, but somehow natural with you."

Sofia's heart raced. She felt something special too but didn't know how to express it. They remained silent, watching the sun disappear behind the hills, aware that the moment would stay with them forever.

The following days were filled with laughter, stories, and discoveries. Sofia continued taking photos while Marco guided her to the most beautiful and hidden places in the Tuscan countryside.

By the end of the week, when it was time to leave, Sofia realized that the trip had given her much more than a collection of images—it had given her a new beginning.

---

8. **Colline** - Hills

9. **Vendemmia** - Harvest

10. **Trattore** - Tractor

11. **Cartolina** - Postcard

12. **Tramonto** - Sunset

Questions

1. **Perché Sofia decide di visitare la Toscana?**

o   a) Per visitare amici

o   b) Per lavorare su un progetto fotografico

o   c) Per partecipare a una vendemmia

o   d) Per una vacanza di famiglia

o   e) Per un corso di cucina

2. **Come si chiama il villaggio dove alloggia Sofia?**

o   a) Siena

o   b) Montepulciano

o   c) Firenze

o   d) San Gimignano

o   e) Pisa

3. **Cosa offre Marco a Sofia durante la visita alla cantina?**

o   a) Panzanella

o   b) Un bicchiere di Chianti

o   c) Formaggio pecorino

o   d) Olio d'oliva

o   e) Un libro sulla Toscana

4. **Quale emozione prova Sofia durante la cena con la famiglia di Marco?**

o   a) Disagio

o   b) Gratitudine

o   c) Noia

o   d) Delusione

o   e) Indifferenza

5. Cosa rappresenta il tramonto per Sofia e Marco?

o   a) Un momento di riflessione

o   b) La fine del loro incontro

o   c) Una nuova avventura

o   d) Un'esperienza ordinaria

o   e) Un legame speciale

Il Dipinto Misterioso

Riassunto

Lorenzo, un insegnante di storia, acquista un misterioso dipinto in un negozio di antiquariato. Affascinato dall'opera e dal pittore sconosciuto, A. Bellini, Lorenzo intraprende un'indagine che lo conduce a una casa abbandonata identica a quella raffigurata nel quadro. Scopre leggende legate al dipinto, tra cui voci su un'opera maledetta, e decide di approfondire la connessione enigmatica tra sé e l'artista.

Lorenzo non era un uomo d'arte, o almeno così aveva sempre pensato. Viveva una vita tranquilla come insegnante di storia in un piccolo paese della Liguria. Le sue giornate erano scandite dalla scuola, dalle passeggiate sul lungomare e dalle serate passate a leggere. Ma un giorno, tutto cambiò.

Era un pomeriggio piovoso, e Lorenzo decise di visitare un negozio di antiquariato che aveva sempre ignorato. L'insegna, sbiadita dal tempo, recitava "Tesori del Passato". Appena entrò, l'odore di legno vecchio e polvere lo avvolse. Gli scaffali erano pieni di oggetti strani: vecchie fotografie, mobili intagliati e orologi rotti. Ma fu un dipinto, appoggiato distrattamente contro una parete, ad attirare la sua attenzione.

Era un quadro di medie dimensioni, con una cornice dorata leggermente danneggiata. Raffigurava un paesaggio misterioso: una collina verdeggiante sotto un cielo tempestoso, con una casa solitaria al centro. C'era qualcosa di strano in quel dipinto, qualcosa che sembrava chiamarlo.

The Mysterious Painting

Summary

Lorenzo, a history teacher, buys a mysterious painting from an antique shop. Intrigued by the artwork and the unknown artist, A. Bellini, Lorenzo begins an investigation that leads him to an abandoned house identical to the one in the painting. He uncovers legends about the painting, including rumors of a cursed piece, and resolves to delve deeper into the enigmatic connection between himself and the artist.

Lorenzo non era un uomo d'arte, o almeno così aveva sempre pensato. Viveva una vita tranquilla come insegnante di storia in un piccolo paese della Liguria. Le sue giornate erano scandite dalla scuola, dalle passeggiate sul lungomare e dalle serate passate a leggere. Ma un giorno, tutto cambiò.

Era un pomeriggio piovoso, e Lorenzo decise di visitare un negozio di antiquariato che aveva sempre ignorato. L'insegna, sbiadita dal tempo, recitava "Tesori del Passato". Appena entrò, l'odore di legno vecchio e polvere lo avvolse. Gli scaffali erano pieni di oggetti strani: vecchie fotografie, mobili intagliati e orologi rotti. Ma fu un dipinto, appoggiato distrattamente contro una parete, ad attirare la sua attenzione.

Era un quadro di medie dimensioni, con una cornice dorata leggermente danneggiata. Raffigurava un paesaggio misterioso: una collina verdeggiante sotto un cielo tempestoso, con una casa solitaria al centro. C'era qualcosa di strano in quel dipinto, qualcosa che sembrava chiamarlo.

Lorenzo si avvicinò e notò una piccola firma nell'angolo in basso a destra: "A. Bellini". Non aveva mai sentito quel nome, ma il dipinto lo affascinava.

"Posso aiutarla?" chiese il proprietario del negozio, un uomo anziano con occhiali spessi e un sorriso gentile.

"Questo dipinto... da dove viene?" chiese Lorenzo.

L'uomo si aggiustò gli occhiali e rispose: "Ah, quello! È stato portato qui da una vecchia casa in campagna. Non so molto sul pittore, ma sembra avere una certa età. Le interessa?"

Lorenzo esitò per un momento, ma poi decise di acquistarlo. Non sapeva perché, ma sentiva che quel quadro avrebbe avuto un significato speciale. Tornato a casa, lo appese sopra la scrivania nel suo studio. Ogni volta che lo guardava, il paesaggio sembrava cambiare leggermente: le nuvole si addensavano, l'erba sembrava muoversi al vento, e la casa al centro appariva più vicina.

La sera stessa, Lorenzo decise di fare una ricerca sul nome "A. Bellini". Con sua sorpresa, trovò pochissime informazioni. Sembrava che il pittore fosse sconosciuto, ma un vecchio forum online menzionava un'opera simile venduta anni prima in un'asta a Firenze. Incuriosito, Lorenzo continuò a cercare, ma più leggeva, più il dipinto lo affascinava.

Nei giorni successivi, cominciò a notare strani dettagli nel quadro. Una luce fioca sembrava provenire dalla casa, e un'ombra indistinta si stagliava sulla collina. Era solo la sua immaginazione? Lorenzo non era sicuro, ma sentiva che il dipinto nascondeva un segreto. Decise di investigare più a fondo, senza sapere che quella curiosità lo avrebbe portato in un'avventura inaspettata.

Lorenzo iniziò la sua indagine visitando l'archivio storico della città vicina. Chiese ai bibliotecari se avessero informazioni su artisti locali del passato, ma nessuno aveva mai sentito parlare di A. Bellini. Una bibliotecaria anziana, incuriosita dalla sua storia, suggerì di controllare negli archivi parrocchiali di un piccolo villaggio in campagna, dove spesso si trovavano documenti dimenticati.

Lorenzo approached the painting and noticed a small signature in the bottom right corner: "A. Bellini." He had never heard of the name, but the painting captivated him.

"May I help you?" asked the shop owner, an elderly man with thick glasses and a kind smile.

"This painting... where does it come from?" Lorenzo inquired.

The man adjusted his glasses and replied, "Ah, that one! It was brought here from an old countryside house. I don't know much about the painter, but it seems to have some age. Are you interested?"

Lorenzo hesitated for a moment but then decided to buy it. He didn't know why, but he felt that the painting would hold special significance. Back at home, he hung it above the desk in his study. Each time he looked at it, the landscape seemed to shift slightly: the clouds grew denser, the grass appeared to sway in the wind, and the house in the center seemed closer.

That evening, Lorenzo decided to research the name "A. Bellini." To his surprise, he found very little information. The painter seemed unknown, but an old online forum mentioned a similar work sold years ago at an auction in Florence. Intrigued, Lorenzo kept searching, and the more he read, the more fascinated he became by the painting.

In the days that followed, he began noticing strange details in the painting. A faint light seemed to emanate from the house, and a shadowy figure appeared on the hill. Was it just his imagination? Lorenzo wasn't sure, but he felt the painting held a hidden secret. He decided to investigate further, unaware that his curiosity would lead him on an unexpected adventure.

Lorenzo began his investigation by visiting the historical archive in a nearby city. He asked the librarians if they had any records of local artists from the past, but none had heard of A. Bellini. An elderly librarian, intrigued by his story, suggested checking the parish archives of a small countryside village, where forgotten documents were often stored.

Il fine settimana seguente, Lorenzo si recò nel villaggio indicato. La chiesa era antica, con mura di pietra e un'atmosfera silenziosa. Il parroco, un uomo gentile con un'aria curiosa, lo accolse e lo accompagnò negli archivi. Mentre sfogliava i registri polverosi, Lorenzo trovò finalmente un riferimento ad A. Bellini: un artista vissuto nel XIX secolo, noto per dipinti che raffiguravano paesaggi ispirati ai suoi sogni. Secondo i documenti, Bellini era considerato un eccentrico e viveva isolato in una casa sulla collina descritta nel quadro.

Lorenzo sentì un brivido. La casa esisteva davvero? Decise di scoprirlo. Con l'aiuto del parroco, trovò una vecchia mappa del villaggio e identificò la collina. Era un luogo abbandonato, ma la curiosità lo spinse a visitarlo. La domenica successiva, armato di una torcia e della sua inseparabile guida turistica, si avventurò verso la collina.

La camminata fu lunga e faticosa. Il sentiero era invaso dalla vegetazione, e il vento tra gli alberi creava un'atmosfera inquietante. Quando finalmente raggiunse la cima, Lorenzo si trovò davanti a una casa diroccata, esattamente come quella del dipinto. I muri erano coperti di edera, le finestre rotte, ma c'era qualcosa di incredibilmente familiare.

Entrò con cautela. L'interno era polveroso, con mobili rotti e un silenzio opprimente. In una stanza, trovò un cavalletto arrugginito e alcune tele sbiadite. Una di queste raffigurava lo stesso paesaggio del suo quadro, ma con un dettaglio in più: una figura indistinta che sembrava guardare dalla finestra della casa.

Lorenzo si sentì attraversato da un misto di paura e curiosità. Chi era quella figura? Decise di portare la tela con sé per analizzarla meglio. Tornato a casa, cominciò a confrontare i due quadri. Più osservava, più notava dettagli che gli erano sfuggiti: la posizione delle nuvole, la luce sulla collina, e soprattutto quella figura enigmatica.

Nei giorni successivi, Lorenzo continuò le sue ricerche. Scoprì che molti dei dipinti di Bellini erano considerati perduti e che circolavano leggende su un'opera maledetta, in grado di catturare l'anima di chi la guardava troppo a lungo. Sebbene fosse scettico, Lorenzo non poteva ignorare la strana connessione che sentiva con quei quadri.

The following weekend, Lorenzo traveled to the village the librarian had mentioned. The church was ancient, with stone walls and a quiet, solemn atmosphere. The parish priest, a kind man with a curious demeanor, welcomed him and led him to the archives. As Lorenzo sifted through the dusty records, he finally found a reference to A. Bellini: an artist who had lived in the 19th century, known for paintings depicting landscapes inspired by his dreams. According to the documents, Bellini was considered an eccentric who lived in isolation in a house on the hill depicted in the painting.

Lorenzo felt a chill. Did the house really exist? He decided to find out. With the priest's help, he located an old map of the village and identified the hill. It was an abandoned area, but his curiosity drove him to visit it. The following Sunday, armed with a flashlight and his trusty guidebook, Lorenzo set off for the hill.

The hike was long and arduous. The path was overgrown with vegetation, and the wind rustling through the trees created an eerie atmosphere. When he finally reached the summit, Lorenzo found himself standing before a derelict house, exactly like the one in the painting. The walls were covered in ivy, the windows shattered, but there was something hauntingly familiar about it.

He entered cautiously. The interior was dusty, filled with broken furniture and an oppressive silence. In one room, he discovered a rusted easel and several faded canvases. One of them depicted the same landscape as his painting, but with an additional detail: an indistinct figure seemed to be watching from the window of the house.

Lorenzo felt a wave of fear and curiosity wash over him. Who was that figure? He decided to take the canvas with him to examine it more closely. Back home, he began comparing the two paintings. The more he looked, the more he noticed details he had previously missed: the positioning of the clouds, the light on the hill, and, most intriguingly, that enigmatic figure.

In the following days, Lorenzo continued his research. He discovered that many of Bellini's paintings were considered lost and that there were legends surrounding a "cursed" work, rumored to capture the soul of anyone who stared at it for too long. Although he was skeptical, Lorenzo couldn't ignore the strange connection he felt with the paintings.

Vocabulary List

1. **Dipinto** - Painting

2. **Cornice** - Frame

3. **Archivio storico** - Historical archive

4. **Parroco** - Parish priest

5. **Collina** - Hill

6. **Tele** - Canvases

7. **Cavalletto** - Easel

8. **Sogni** - Dreams

9. **Maledizione** - Curse

10. **Vegetazione** - Vegetation

11. **Ombra** - Shadow

12. **Leggende** - Legends

Questions

1. **Dove Lorenzo trova il dipinto misterioso?**

o a) In un museo

o b) In un negozio di antiquariato

o c) In una casa abbandonata

o d) In una galleria d'arte

o e) In una libreria

2. **Cosa c'è di strano nel dipinto?**

o a) I colori sono vivaci

o b) La cornice è rotta

o c) Il paesaggio sembra cambiare

o d) Non ci sono dettagli visibili

o e) Non c'è alcuna firma

3. Chi suggerisce a Lorenzo di visitare gli archivi parrocchiali?

o a) Il parroco

o b) Una bibliotecaria anziana

o c) Un amico

o d) Il proprietario del negozio

o e) Un forum online

4. Cosa trova Lorenzo nella casa abbandonata?

o a) Un diario segreto

o b) Una scultura misteriosa

o c) Una scatola di gioielli

o d) Una biblioteca nascosta

o e) Un cavalletto e delle tele

5. Qual è la leggenda legata al dipinto?

o a) Porta fortuna a chi lo possiede

o b) Cattura l'anima di chi lo guarda troppo a lungo

o c) Rivela un tesoro nascosto

o d) È stato creato da un fantasma

o e) È stato rubato da un museo famoso

Il Mistero del Vecchio Orologiaio

Riassunto

Matteo, un giovane ingegnere appassionato di orologi antichi, acquista un orologio da tasca con un puzzle nascosto in una misteriosa bottega. Dopo aver scoperto una chiave e decifrato un messaggio segreto, Matteo segue gli indizi fino a una villa abbandonata, dove trova progetti straordinari di un inventore. Quando torna alla bottega per ringraziare, scopre che è scomparsa, lasciandolo con nuove domande e un futuro incerto.

Matteo era un giovane ingegnere appassionato di orologi antichi. Nel suo tempo libero, visitava mercatini dell'usato alla ricerca di pezzi unici da collezionare e restaurare. Un giorno, mentre passeggiava in un vecchio quartiere di Genova, notò una piccola bottega con un'insegna che recitava: "L'Orologiaio del Tempo". La vetrina era polverosa, ma al suo interno c'erano orologi di ogni tipo: da parete, da tasca e da polso. Incuriosito, Matteo decise di entrare.

Dentro, il negozio era un caos affascinante. Scaffali pieni di ingranaggi, quadranti e lancette occupavano ogni angolo. Dietro il bancone, un uomo anziano con occhiali spessi lavorava su un orologio da tasca. "Benvenuto," disse con voce profonda. "Posso aiutarla?"

"Sto cercando qualcosa di unico," rispose Matteo. "Magari un pezzo con una storia."

L'orologiaio sorrise e indicò una teca dietro di lui. Dentro c'era un orologio da tasca d'argento, decorato con incisioni intricate. "Questo orologio apparteneva a un inventore del XIX secolo," spiegò. "Si dice che contenga un puzzle irrisolto."

The Puzzle of the Old Watchmaker

Summary

Matteo, a young engineer passionate about antique watches, buys a pocket watch with a hidden puzzle from a mysterious shop. After discovering a key and decoding a secret message, Matteo follows clues to an abandoned villa, where he finds extraordinary inventions by an inventor. When he returns to the shop to thank the watchmaker, he finds it gone, leaving him with more questions and an uncertain future.

Matteo was a young engineer passionate about antique clocks. In his free time, he visited flea markets in search of unique pieces to collect and restore. One day, while strolling through an old neighborhood in Genoa, he noticed a small shop with a sign that read: "The Watchmaker of Time." The shop window was dusty, but inside there were clocks of all kinds: wall clocks, pocket watches, and wristwatches. Intrigued, Matteo decided to go in.

Inside, the shop was a fascinating chaos. Shelves filled with gears, dials, and hands occupied every corner. Behind the counter, an elderly man with thick glasses was working on a pocket watch. "Welcome," he said in a deep voice. "Can I help you?"

"I'm looking for something unique," Matteo replied. "Maybe a piece with a story."

The watchmaker smiled and pointed to a display case behind him. Inside was a silver pocket watch, adorned with intricate engravings. "This watch belonged to a 19th-century inventor," he explained. "It's said to contain an unsolved puzzle."

Matteo, incuriosito, chiese di vederlo. L'orologiaio gli consegnò l'orologio con cura. Sul retro, c'era un'incisione che raffigurava una serie di simboli strani e un'iscrizione: "Il tempo rivela tutto." Decise di acquistarlo senza esitazione.

Tornato a casa, Matteo iniziò a studiare l'orologio. Non sembrava solo un meccanismo per segnare l'ora: c'erano leve nascoste e piccole incisioni che non avevano una funzione apparente. Dopo ore di osservazione, trovò un pulsante mimetizzato tra i dettagli. Premendolo, una piccola chiave saltò fuori dal bordo dell'orologio.

Con la chiave in mano, Matteo si sentì come un esploratore che aveva appena scoperto un tesoro. Ma la domanda rimaneva: cosa apriva quella chiave? Decise di tornare alla bottega per chiedere spiegazioni.

Il giorno seguente, entrò di nuovo nel negozio. "Ho trovato questa chiave," disse, mostrandola all'orologiaio. L'uomo lo guardò con sorpresa e un pizzico di ammirazione. "Non tutti riescono a trovarla," disse. "Ma questa è solo la prima parte del puzzle."

Matteo chiese cosa dovesse fare, ma l'orologiaio si limitò a sorridere. "Segua il tempo," disse enigmaticamente. Prima che potesse fare altre domande, un cliente entrò nel negozio, e Matteo decise di non insistere. Tornò a casa, più determinato che mai a risolvere il mistero.

Passò la notte a esaminare di nuovo l'orologio. Studiò i simboli incisi sul retro e li confrontò con vecchi libri di meccanica e crittografia. Dopo ore di ricerche, si rese conto che i simboli formavano un codice che puntava a un orario specifico: le 7:15. Impostò l'orologio su quell'ora e, con un clic, un compartimento segreto si aprì, rivelando un piccolo foglio piegato.

Sul foglio c'era scritto: "La chiave è nel passato." Matteo capì che quel mistero era solo all'inizio.

Determinato a scoprire la verità, Matteo tornò alla bottega per la terza volta. L'orologiaio, che sembrava aspettarlo, lo accolse con un sorriso enigmatico. "Ha trovato il messaggio, vero?" chiese. Matteo annuì e spiegò cosa aveva scoperto. L'uomo gli consegnò un vecchio libro dalla copertina in pelle consumata.

Matteo, intrigued, asked to see the watch. The watchmaker carefully handed it to him. On the back, there was an engraving depicting a series of strange symbols and an inscription: "Time reveals all." Without hesitation, he decided to buy it.

Back home, Matteo began studying the watch. It didn't seem like just a mechanism to tell time: there were hidden levers and small engravings with no apparent function. After hours of observation, he found a button camouflaged among the details. Pressing it, a small key popped out from the edge of the watch.

With the key in hand, Matteo felt like an explorer who had just discovered a treasure. But the question remained: what did the key open? He decided to return to the shop for answers.

The next day, he entered the shop again. "I found this key," he said, showing it to the watchmaker. The man looked at him with surprise and a hint of admiration. "Not everyone manages to find it," he said. "But this is only the first part of the puzzle."

Matteo asked what he should do, but the watchmaker only smiled. "Follow time," he said enigmatically. Before Matteo could ask more questions, another customer entered the shop, and Matteo decided not to insist. He went home, more determined than ever to solve the mystery.

He spent the night re-examining the watch. He studied the symbols engraved on the back and compared them with old books on mechanics and cryptography. After hours of research, he realized the symbols formed a code pointing to a specific time: 7:15. He set the watch to that time, and with a click, a hidden compartment opened, revealing a small folded piece of paper.

On the paper, it read: "The key is in the past." Matteo realized that this mystery was just beginning.

Determined to uncover the truth, Matteo returned to the shop for the third time. The watchmaker, who seemed to be expecting him, greeted him with an enigmatic smile. "You found the message, didn't you?" he asked. Matteo nodded and explained what he had discovered. The man handed him an old book with a worn leather cover.

"Questo potrebbe aiutarla," disse. "Apparteneva all'inventore che ha creato quell'orologio."

Il libro era un diario, pieno di appunti, schizzi e annotazioni criptiche. Matteo passò giorni a decifrarlo, scoprendo che l'inventore aveva nascosto una scatola segreta contenente i suoi più grandi progetti. Le pagine contenevano indicazioni che portavano a un'antica villa abbandonata appena fuori città.

La domenica seguente, Matteo si recò alla villa. Era un edificio imponente, ma in rovina, con finestre rotte e vegetazione che cresceva ovunque. Seguendo le indicazioni del diario, trovò una stanza nascosta dietro una libreria. Al centro della stanza c'era un vecchio forziere. Con le mani tremanti, usò la chiave dell'orologio per aprirlo.

Dentro il forziere c'erano progetti dettagliati di invenzioni straordinarie: un meccanismo per misurare il tempo con estrema precisione, un prototipo di orologio solare avanzato e un dispositivo che sembrava una rudimentale macchina del tempo. Tra i documenti c'era anche una lettera indirizzata a "Chi troverà questo tesoro".

Nella lettera, l'inventore spiegava che aveva dedicato la sua vita alla comprensione del tempo, credendo che non fosse solo una misura, ma una forza con segreti ancora da svelare. "Il tempo è il nostro più grande maestro," scriveva. "E tu, che hai seguito i miei indizi, sei ora il custode di questa conoscenza."

Matteo sentì un misto di emozione e responsabilità. Sapeva che quello che aveva trovato era unico e prezioso. Decise di custodire i progetti e studiarli, continuando il lavoro dell'inventore. Quando tornò alla bottega per ringraziare l'orologiaio, trovò il negozio vuoto. Nessuna traccia dell'uomo o degli orologi.

Confuso, Matteo guardò l'insegna sbiadita sopra la porta. "L'Orologiaio del Tempo" era sparito, lasciandolo con un mistero ancora più grande: chi era veramente quell'uomo, e quale legame aveva con l'inventore? Con il diario e i progetti nelle sue mani, Matteo capì che il viaggio non era finito. Era solo l'inizio.

"This might help you," the watchmaker said. "It belonged to the inventor who created that watch."

The book was a journal, full of notes, sketches, and cryptic annotations. Matteo spent days deciphering it, discovering that the inventor had hidden a secret box containing his greatest projects. The pages included directions leading to an old, abandoned villa just outside the city.

The following Sunday, Matteo went to the villa. It was an imposing but dilapidated building, with broken windows and vegetation growing everywhere. Following the diary's instructions, he found a hidden room behind a bookshelf. At the center of the room was an old chest. With trembling hands, he used the watch's key to open it.

Inside the chest were detailed blueprints of extraordinary inventions: a mechanism to measure time with extreme precision, a prototype for an advanced sundial, and a device that resembled a rudimentary time machine. Among the documents was also a letter addressed to "Whoever finds this treasure."

In the letter, the inventor explained that he had devoted his life to understanding time, believing it was not just a measurement but a force with secrets yet to be revealed. "Time is our greatest teacher," he wrote. "And you, who have followed my clues, are now the guardian of this knowledge."

Matteo felt a mix of emotion and responsibility. He knew what he had found was unique and precious. He decided to safeguard the plans and study them, continuing the inventor's work. When he returned to the shop to thank the watchmaker, he found it empty. There was no trace of the man or the clocks.

Confused, Matteo looked at the faded sign above the door. "The Watchmaker of Time" had vanished, leaving him with an even greater mystery: who was that man, and what connection did he have to the inventor? With the journal and blueprints in his hands, Matteo realized that the journey was far from over. It was only the beginning.

Vocabulary List

1. **Orologiaio** - Watchmaker

2. **Bottega** - Workshop

3. **Ingranaggi** - Gears

4. **Incisioni** - Engravings

5. **Forziere** - Chest

6. **Diario** - Diary

7. **Simboli** - Symbols

8. **Crittoanalisi** - Cryptanalysis

9. **Progetti** - Projects

10. **Libreria** - Bookshelf

11. **Macchina del tempo** - Time machine

12. **Chiave** - Key

Questions

1. **Perché Matteo entra nella bottega per la prima volta?**

o   a) Per cercare un orologio particolare

o   b) Per aggiustare un orologio rotto

o   c) Per incontrare un amico

o   d) Per curiosità

o   e) Per caso

2. **Cosa trova Matteo nell'orologio?**

o   a) Un pezzo mancante

o   b) Una chiave nascosta

o   c) Un biglietto scritto dall'orologiaio

o   d) Una gemma preziosa

o   e) Una mappa

3.   Dove conducono gli indizi del diario?

o   a) A una biblioteca

o   b) A una villa abbandonata

o   c) A una galleria d'arte

o   d) A una chiesa antica

o   e) A una torre medievale

4.   Cosa contiene il forziere trovato nella villa?

o   a) Progetti di invenzioni straordinarie

o   b) Un orologio rotto

o   c) Un manoscritto antico

o   d) Una collezione di gioielli

o   e) Un tesoro nascosto

5.   Cosa succede alla bottega alla fine della storia?

o   a) Viene chiusa per restauri

o   b) Sparisce misteriosamente

o   c) Viene acquistata da Matteo

o   d) Si trasforma in un museo

o   e) Rimane chiusa per sempre

Una Lettera dal Passato

Riassunto

Clara, una storica appassionata di misteri, trova una lettera nascosta in una villa abbandonata. La lettera menziona un segreto celato sotto l'"albero delle due lune". Dopo aver scoperto una scatola contenente una chiave, un diario e una collana, Clara segue gli indizi fino a un museo, dove recupera un documento che rivela la corruzione della famiglia de Rossi. Decidendo di preservare la storia senza causare scandali, Clara onora il coraggio di Vittoria e Lorenzo, i custodi del segreto.

Clara aveva sempre avuto una passione per i misteri, un amore che l'aveva portata a diventare una storica specializzata in archivi dimenticati. Viveva in una città costiera del sud Italia, dove il mare incontrava vecchi palazzi ricchi di storia. Un giorno, durante un lavoro di catalogazione in una villa abbandonata, si imbatté in qualcosa di insolito: una lettera sigillata nascosta dietro un pannello di legno nel soffitto.

La villa, un tempo appartenuta a una famiglia nobile, era ormai in rovina. Mentre Clara esaminava i documenti polverosi, notò una fessura nel legno. Usando un piccolo attrezzo, riuscì a rimuovere il pannello, rivelando una busta ingiallita dal tempo. Sul sigillo di cera, un marchio nobiliare ancora visibile.

"Chissà da quanto tempo è qui," mormorò Clara, emozionata. Decise di non aprirla immediatamente, ma di portarla a casa per analizzarla con attenzione.

Tornata nel suo piccolo appartamento, Clara si preparò una tazza di tè e si sedette alla scrivania.

A Letter from the Past

Summary

Clara, a historian with a passion for mysteries, finds a hidden letter in an abandoned villa. The letter hints at a secret buried under the "tree of two moons." After discovering a box containing a key, a diary, and a necklace, Clara follows clues to a museum, where she retrieves a document revealing the corruption of the de Rossi family. Choosing to preserve history without scandal, Clara honors the bravery of Vittoria and Lorenzo, the guardians of the secret.

Clara had always been passionate about mysteries, a love that had led her to become a historian specializing in forgotten archives. She lived in a coastal city in southern Italy, where the sea met old buildings rich in history. One day, while working on cataloging documents in an abandoned villa, she stumbled upon something unusual: a sealed letter hidden behind a wooden panel in the ceiling.

The villa, once owned by a noble family, was now in ruins. As Clara examined the dusty documents, she noticed a crack in the wood. Using a small tool, she managed to remove the panel, revealing a yellowed envelope aged by time. On the wax seal, a noble crest was still visible.

"I wonder how long this has been here," Clara murmured, excited. She decided not to open it immediately but to take it home to analyze it carefully.

Back in her small apartment, Clara made herself a cup of tea and sat down at her desk.

Con mani tremanti, ruppe delicatamente il sigillo e tirò fuori il contenuto. Era una lettera scritta in un elegante corsivo, datata 15 settembre 1823. Le parole erano state scritte con cura, ma alcune erano sbiadite. Clara lesse con attenzione:

"Alla mia amata,

Se stai leggendo queste parole, significa che il destino ha voluto che il nostro segreto venisse finalmente svelato. Non avevo altra scelta che nascondere questa verità. Ciò che custodiamo è prezioso, e il mondo non è pronto per conoscerlo. Se hai il coraggio di continuare, cerca il nostro rifugio sotto l'albero delle due lune."

Clara rimase senza fiato. Chi aveva scritto questa lettera? E cosa significava l'"albero delle due lune"? La sua mente si riempì di domande. Decise di investigare, ma prima doveva scoprire di più sulla famiglia che aveva abitato la villa.

Passò i giorni successivi a ricercare negli archivi comunali. Scoprì che la villa era appartenuta ai Conti de Rossi, una famiglia influente del XIX secolo. Ma ciò che attirò la sua attenzione fu una nota nei registri: un membro della famiglia, Vittoria de Rossi, era scomparsa misteriosamente nel 1823, lo stesso anno della lettera.

Con ogni nuovo dettaglio, Clara sentiva che il mistero si infittiva. Decise di visitare nuovamente la villa, questa volta cercando indizi sull'"albero delle due lune." Durante la sua seconda visita, esplorò il giardino, ora invaso dalla vegetazione. Al centro del terreno trascurato, trovò un grande albero con due tronchi che si intrecciavano, simile a due lune sovrapposte.

Sotto le radici, notò un piccolo rilievo. Con attenzione, scavò leggermente e trovò una scatola di metallo sigillata. Clara capì che aveva trovato qualcosa di straordinario, ma non era ancora pronta per aprirla. Decise di portarla a casa, sapendo che il contenuto avrebbe potuto cambiare tutto ciò che pensava di sapere sul passato.

A casa, Clara si preparò meticolosamente per aprire la scatola. Pulì la superficie con attenzione e usò un piccolo strumento per sollevare il coperchio. Dentro, trovò una collezione di oggetti: una chiave d'ottone,

With trembling hands, Clara carefully broke the seal and pulled out the contents. It was a letter written in elegant cursive, dated September 15, 1823. The words were meticulously penned, though some were faded. Clara read attentively:

"To my beloved,

If you are reading these words, it means fate has decided that our secret should finally be revealed. I had no choice but to hide this truth. What we guard is precious, and the world is not ready to know it. If you have the courage to continue, seek our refuge beneath the tree of two moons."

Clara was breathless. Who had written this letter? And what did the "tree of two moons" mean? Her mind was flooded with questions. She decided to investigate, but first, she needed to learn more about the family that had lived in the villa.

She spent the following days researching in the municipal archives. She discovered that the villa had belonged to the Counts de Rossi, an influential family in the 19th century. But what caught her attention was a note in the records: a member of the family, Vittoria de Rossi, had mysteriously disappeared in 1823—the same year as the letter.

With each new detail, Clara felt the mystery deepening. She decided to visit the villa again, this time searching for clues about the "tree of two moons." During her second visit, she explored the garden, now overgrown with vegetation. At the center of the neglected grounds, she found a large tree with two trunks intertwined, resembling two overlapping moons.

Beneath the roots, she noticed a small protrusion. Carefully, she dug slightly and uncovered a sealed metal box. Clara realized she had found something extraordinary but wasn't ready to open it just yet. She decided to take it home, knowing its contents might change everything she thought she knew about the past.

At home, Clara meticulously prepared to open the box. She cleaned its surface carefully and used a small tool to lift the lid. Inside, she found a collection of objects: a brass key,

un diario con pagine ingiallite e una collana con un pendente di forma ovale, decorato con un motivo intricato.

Aprì il diario per primo. Le pagine contenevano annotazioni e schizzi che sembravano appartenere a Vittoria de Rossi. La donna descriveva un legame proibito con un uomo di umili origini, Lorenzo, e i loro piani di fuggire insieme per sfuggire alle restrizioni della sua famiglia. Le ultime pagine, tuttavia, rivelavano un cambio di tono. Vittoria scriveva di una scoperta fatta con Lorenzo: un documento che, se divulgato, avrebbe cambiato le sorti della loro famiglia e forse dell'intera comunità.

"Abbiamo deciso di nasconderlo," si leggeva. "Solo chi comprenderà il valore del nostro amore e della verità potrà trovarlo." Clara si sentiva come se fosse diventata parte della storia, un filo che collegava il passato al presente. Ma doveva ancora scoprire cosa aprisse la chiave.

La collana attirò la sua attenzione. Notò che il pendente aveva una piccola fessura, come se potesse contenere qualcosa. Inserì delicatamente la chiave, e con un clic, il pendente si aprì rivelando un minuscolo pezzo di pergamena. Sopra c'era scritto un nome e un indirizzo: un palazzo nel centro storico della città.

Il giorno seguente, Clara si recò all'indirizzo indicato. Il palazzo era stato trasformato in un museo, ma grazie alla sua professione, riuscì a ottenere l'accesso agli archivi privati. Dopo ore di ricerca, trovò un compartimento nascosto in un vecchio armadio. Dentro c'era un cofanetto che conteneva il documento descritto da Vittoria.

Era un atto legale che dimostrava la corruzione della famiglia de Rossi e i loro tentativi di nascondere una serie di crimini finanziari. Clara capì immediatamente il motivo per cui Vittoria e Lorenzo avevano deciso di nasconderlo: il documento avrebbe distrutto la reputazione della famiglia, ma al costo della loro sicurezza.

Clara decise di non divulgare immediatamente il contenuto del documento. Invece, lo consegnò a un istituto storico, assicurandosi che fosse studiato e preservato. Mentre lasciava il museo, pensava a Vittoria e Lorenzo.

a diary with yellowed pages and a necklace with an oval pendant, adorned with an intricate pattern.

She opened the diary first. The pages contained notes and sketches that seemed to belong to Vittoria de Rossi. The woman described a forbidden bond with a man of humble origins, Lorenzo, and their plans to escape together to break free from the constraints of her family. The final pages, however, revealed a shift in tone. Vittoria wrote about a discovery she had made with Lorenzo: a document that, if revealed, could change the fate of their family and perhaps the entire community.

"We decided to hide it," it read. "Only those who understand the value of our love and the truth will be able to find it." Clara felt as though she had become part of the story, a thread connecting the past to the present. But she still needed to discover what the key unlocked.

The necklace caught her attention. She noticed that the pendant had a small slit, as if it could hold something. Gently, she inserted the key, and with a click, the pendant opened, revealing a tiny piece of parchment. On it was written a name and an address: a building in the historic center of the city.

The next day, Clara went to the address. The building had been transformed into a museum, but thanks to her profession, she was able to gain access to the private archives. After hours of searching, she found a hidden compartment in an old cabinet. Inside was a small box containing the document described by Vittoria.

It was a legal deed exposing the corruption of the de Rossi family and their attempts to cover up a series of financial crimes. Clara immediately understood why Vittoria and Lorenzo had decided to hide it: the document would have destroyed the family's reputation but at the cost of their safety.

Clara decided not to immediately disclose the document's contents. Instead, she handed it over to a historical institute, ensuring it would be studied and preserved. As she left the museum, her thoughts turned to Vittoria and Lorenzo.

Il loro amore e il loro coraggio avevano attraversato i secoli per raccontare una storia di verità e sacrificio.

Clara si sentì grata di essere stata la custode di quel segreto, sapendo che aveva riportato alla luce un pezzo di storia che sarebbe stato ricordato.

Vocabulary List

1. **Sigillo** - Seal
2. **Lettera** - Letter
3. **Tronchi** - Tree trunks
4. **Pergamena** - Parchment
5. **Cofanetto** - Small chest
6. **Archivio** - Archive
7. **Diario** - Diary
8. **Corruzione** - Corruption
9. **Villa abbandonata** - Abandoned villa
10. **Collana** - Necklace
11. **Restrizioni** - Restrictions
12. **Istituto storico** - Historical institute

Questions

1. **Dove Clara trova la lettera sigillata?**
   o   a) In un cassetto della villa
   o   b) Dietro un pannello di legno nel soffitto
   o   c) In un vecchio libro
   o   d) Sotto un albero nel giardino
   o   e) In un museo
2. **Cosa rappresenta l'"albero delle due lune"?**
   o   a) Un simbolo familiare

Their love and courage had transcended centuries to tell a story of truth and sacrifice.

Clara felt grateful to have been the guardian of that secret, knowing she had brought to light a piece of history that would now be remembered.

---

o   b) Un luogo segreto nel giardino della villa

o   c) Un oggetto nascosto nel diario

o   d) Un indizio senza significato

o   e) Un'opera d'arte nel museo

3. **Cosa Clara trova nella scatola sotto l'albero?**

o   a) Un diario e una chiave d'ottone

o   b) Un vecchio documento

o   c) Una collezione di gioielli

o   d) Una mappa segreta

o   e) Una fotografia antica

4. **Qual è il contenuto del documento ritrovato nel museo?**

o   a) Una dichiarazione d'amore

o   b) Un atto legale che rivela la corruzione della famiglia de Rossi

o   c) Un testamento segreto

o   d) Una lettera di Lorenzo a Vittoria

o   e) Un inventario di beni della villa

5. **Cosa fa Clara con il documento alla fine della storia?**

o   a) Lo distrugge per proteggere il segreto

o   b) Lo consegna a un istituto storico

o   c) Lo espone pubblicamente per denunciare i de Rossi

o   d) Lo tiene come ricordo personale

o   e) Lo restituisce alla villa abbandonata

La Festa della Raccolta delle Olive

Riassunto

Lucia torna nel villaggio natale di Montemagno per la Festa della Raccolta delle Olive, un evento che unisce la comunità attraverso il lavoro nei campi, la molitura delle olive e la celebrazione delle tradizioni culinarie. Durante il festival, riscopre l'importanza delle radici, si riconnette con il passato e sente il forte legame con la cultura e la famiglia. La festa culmina con un rito magico di lanterne volanti, lasciandole un senso di pace e appartenenza.

In un piccolo villaggio toscano chiamato Montemagno, l'autunno portava con sé una tradizione amata da tutti: la Festa della Raccolta delle Olive. Ogni anno, gli abitanti del villaggio si riunivano per celebrare il raccolto, trasformando il lavoro nei campi in una festa piena di musica, cibo e tradizione.

Lucia, una giovane insegnante di arte, era tornata al villaggio per la prima volta dopo molti anni. Cresciuta a Montemagno, si era trasferita a Firenze per studiare e inseguire i suoi sogni, ma quella chiamata dal suo paese natale l'aveva spinta a tornare per il festival. C'era qualcosa di speciale nell'aria autunnale, un profumo di foglie secche e olio fresco che la faceva sentire di nuovo a casa.

"Lucia! Sei finalmente tornata!" esclamò nonna Teresa, abbracciandola con entusiasmo. Teresa, con i suoi capelli grigi raccolti in una treccia, era un pilastro del villaggio e una cuoca rinomata. Ogni anno preparava la bruschetta con l'olio nuovo, un momento imperdibile della festa.

Il primo giorno del festival iniziò con il lavoro nei campi. Lucia si unì agli altri abitanti per raccogliere le olive.

The Olive Harvest Festival

Summary

Lucia returns to her hometown of Montemagno for the Olive Harvest Festival, an event that brings the community together through fieldwork, olive pressing, and culinary traditions. During the festival, she rediscovers the importance of her roots, reconnects with the past, and feels a strong bond with the culture and family. The festival concludes with a magical lantern ceremony, leaving her with a sense of peace and belonging.

In a small Tuscan village called Montemagno, autumn brought with it a beloved tradition: the Olive Harvest Festival. Every year, the villagers gathered to celebrate the harvest, turning the hard work in the fields into a celebration filled with music, food, and tradition.

Lucia, a young art teacher, had returned to the village for the first time in many years. Raised in Montemagno, she had moved to Florence to study and pursue her dreams, but the call of her hometown had drawn her back for the festival. There was something special in the autumn air—a scent of dry leaves and fresh olive oil that made her feel at home again.

"Lucia! You're finally back!" exclaimed Grandma Teresa, embracing her enthusiastically. Teresa, with her gray hair tied in a braid, was a pillar of the village and a renowned cook. Every year, she prepared bruschetta with the new olive oil, a highlight of the festival.

The first day of the festival began with work in the fields. Lucia joined the other villagers to pick olives.

I grandi alberi secolari erano pieni di frutti, e la raccolta avveniva con reti stese sotto gli alberi e rastrelli delicati per non danneggiare i rami. Mentre lavoravano, i bambini correvano intorno agli alberi, ridendo e raccogliendo le olive cadute.

"Non è cambiato nulla," pensò Lucia, osservando il paesaggio familiare. La vista delle colline dorate e degli ulivi argentati era rimasta immutata, come se il tempo si fosse fermato.

Quando il sole cominciò a calare, il lavoro nei campi terminò e il villaggio si animò con la festa vera e propria. Le strade erano decorate con luci e bandierine, e le piazze erano piene di bancarelle che offrivano formaggi locali, salumi, e ovviamente, l'olio nuovo. Al centro della piazza principale, un grande tavolo era stato allestito per la cena comunitaria.

Lucia aiutò sua nonna a preparare la bruschetta. Il pane veniva tostato su una griglia a carbone, poi strofinato con aglio e condito con l'olio appena prodotto, sale e una spolverata di origano. L'aroma era irresistibile. Mentre distribuiva i piatti, incontrò volti familiari e nuovi, tutti uniti dall'amore per quella tradizione.

La serata proseguì con musica dal vivo. Un gruppo locale suonava canzoni popolari, e presto la piazza si trasformò in una pista da ballo. Lucia, che inizialmente osservava da lontano, fu trascinata al centro da un vecchio amico d'infanzia, Marco. Ballarono e risero come ai vecchi tempi, dimenticando per un momento il tempo passato.

Quando la festa si concluse, Lucia si sedette su un muretto con sua nonna, guardando le luci che pian piano si spegnevano. "Sai, nonna, pensavo che tornando qui avrei trovato tutto cambiato. Ma in realtà, questo posto è rimasto esattamente come lo ricordavo."

Teresa sorrise e rispose: "Le tradizioni, mia cara, sono come radici profonde. Non importa dove andiamo, ci riportano sempre a casa."

Lucia si rese conto che la Festa della Raccolta delle Olive non era solo una celebrazione del raccolto, ma anche un modo per mantenere viva l'anima del villaggio. Decise che non avrebbe più aspettato anni prima di tornare. Quella notte, sotto le stelle toscane, si sentì parte di qualcosa di eterno.

The ancient, centuries-old trees were laden with fruit, and the harvest took place using nets spread beneath the trees and gentle rakes to avoid damaging the branches. While the adults worked, children ran around the trees, laughing and gathering fallen olives.

"Nothing has changed," thought Lucia, taking in the familiar landscape. The view of the golden hills and silver olive trees had remained untouched, as if time had stood still.

As the sun began to set, the work in the fields ended, and the village came alive with the true festivities. The streets were adorned with lights and banners, and the squares were filled with stalls offering local cheeses, cured meats, and, of course, the new olive oil. In the center of the main square, a large table had been set up for the communal dinner.

Lucia helped her grandmother prepare the bruschetta. The bread was toasted over a charcoal grill, then rubbed with garlic and dressed with freshly pressed olive oil, a pinch of salt, and a sprinkle of oregano. The aroma was irresistible. While serving the plates, she encountered familiar and new faces, all united by their love for the tradition.

The evening continued with live music. A local band played folk songs, and soon the square turned into a dance floor. Lucia, initially watching from the sidelines, was pulled to the center by an old childhood friend, Marco. They danced and laughed like old times, forgetting for a moment the years that had passed.

When the festivities ended, Lucia sat on a low wall with her grandmother, watching the lights gradually dim. "You know, Grandma, I thought I'd come back to find everything changed. But really, this place has stayed exactly as I remembered."

Teresa smiled and replied, "Traditions, my dear, are like deep roots. No matter where we go, they always bring us home."

Lucia realized that the Olive Harvest Festival was not just a celebration of the harvest but a way to keep the village's soul alive. She decided she would no longer wait years before returning. That night, under the Tuscan stars, she felt part of something eternal.

Il secondo giorno del festival fu dedicato alla molitura delle olive. Gli abitanti si riunirono nel frantoio del villaggio, un edificio antico con macine di pietra alimentate da un motore moderno. Lucia osservava affascinata il processo: le olive venivano lavate, macinate e poi pressate per estrarne l'olio. L'aroma riempiva l'aria, e l'olio verde dorato scorreva nei contenitori.

"Vuoi provare?" chiese Marco, porgendole un mestolo di legno. Lucia immerse il pane tostato nell'olio appena spremuto e assaggiò. Il sapore era intenso, fruttato e leggermente piccante. "Non c'è niente di simile," disse, sorridendo.

Nel pomeriggio, fu organizzata una gara di cucina. Gli abitanti si sfidarono preparando piatti tradizionali a base di olio d'oliva. Teresa partecipò con la sua famosa "panzanella," un'insalata di pane e verdure, mentre altri presentarono zuppe, arrosti e dolci. Lucia fece da giudice insieme ad altri visitatori, apprezzando ogni boccone.

La sera, la festa culminò con il rito delle lanterne. Gli abitanti scrissero desideri su piccoli fogli di carta e li attaccarono alle lanterne di carta. Quando il buio calò, le lanterne furono accese e lasciate volare nel cielo, creando uno spettacolo magico. Lucia scrisse il suo desiderio: "Non dimenticare mai le radici."

Guardando le lanterne scomparire tra le stelle, sentì un senso di pace. La Festa della Raccolta delle Olive non era solo un evento; era un legame tra passato, presente e futuro. Lucia sapeva che avrebbe sempre portato con sé quella tradizione, ovunque la vita l'avrebbe condotta.

Vocabulary List

1. **Raccolta** - Harvest

2. **Bruschetta** - Toasted bread with toppings

3. **Frantoio** - Olive press

4. **Olio nuovo** - Freshly pressed olive oil

5. **Panzanella** - Tuscan bread salad

The second day of the festival was dedicated to olive pressing. The villagers gathered at the village's mill, an ancient building with stone grinders powered by a modern motor. Lucia watched the process with fascination: the olives were washed, ground, and then pressed to extract the oil. The air was filled with a rich aroma as the golden-green oil flowed into containers.

"Do you want to try?" Marco asked, handing her a wooden ladle. Lucia dipped a piece of toasted bread into the freshly pressed oil and tasted it. The flavor was intense, fruity, and slightly spicy. "There's nothing like it," she said with a smile.

In the afternoon, a cooking competition was held. The villagers competed by preparing traditional dishes using olive oil. Teresa participated with her famous panzanella, a bread and vegetable salad, while others presented soups, roasts, and desserts. Lucia served as a judge alongside other visitors, savoring every bite.

In the evening, the festival culminated in the lantern ritual. The villagers wrote wishes on small pieces of paper and attached them to paper lanterns. As darkness fell, the lanterns were lit and released into the sky, creating a magical spectacle. Lucia wrote her own wish: "Never forget your roots."

Watching the lanterns disappear among the stars, she felt a deep sense of peace. The Olive Harvest Festival was more than just an event; it was a bond between the past, present, and future. Lucia knew she would always carry that tradition with her, no matter where life took her.

---

6. **Lanterne** - Lanterns

7. **Radici** - Roots

8. **Macine** - Millstones

9. **Colline** - Hills

10. **Gara di cucina** - Cooking contest

11. **Tradizioni** - Traditions

12. **Desideri** - Wishes

Questions

1. Perché Lucia torna a Montemagno?

o   a) Per aiutare con il raccolto

o   b) Per partecipare alla Festa della Raccolta delle Olive

o   c) Per trasferirsi nel villaggio

o   d) Per visitare un museo storico

o   e) Per una vacanza in famiglia

2. Cosa prepara nonna Teresa durante la festa?

o   a) Panzanella

o   b) Zuppa toscana

o   c) Bruschetta con olio nuovo

o   d) Dolci tradizionali

o   e) Arrosti di carne

3. Dove si svolge la molitura delle olive?

o   a) Nel giardino del villaggio

o   b) Nel frantoio del villaggio

o   c) Nella piazza principale

o   d) In una cantina privata

o   e) In una casa storica

4. Quale rito speciale conclude il festival?

o   a) Una grande cena comunitaria

o   b) Una gara di ballo

o   c) Il rito delle lanterne

o   d) Un concerto di musica popolare

o   e) Un discorso del sindaco

5. Cosa scrive Lucia sul foglio per il rito delle lanterne?

o a) "Sempre avanti"

o b) "Non dimenticare mai le radici"

o c) "La famiglia è tutto"

o d) "Tornare presto a casa"

o e) "Un futuro felice"

Un Carnevale a Venezia

Riassunto

Anna realizza il suo sogno di partecipare al Carnevale di Venezia. Durante l'evento, si immerge nell'atmosfera magica della città, tra maschere elaborate, balli sfarzosi e attività artigianali. Conosce persone interessanti, incluso un misterioso uomo mascherato, e scopre il piacere di lasciarsi andare. Il Carnevale culmina con un gran finale di fuochi d'artificio, lasciandola con ricordi indelebili e un legame profondo con la città.

Anna aveva sempre sognato di partecipare al Carnevale di Venezia. Le maschere elaborate, i costumi sfarzosi e l'atmosfera magica delle calli e dei canali erano immagini che avevano popolato i suoi sogni sin da bambina. Finalmente, dopo anni di pianificazione, il suo desiderio stava per realizzarsi.

Arrivò a Venezia in una fredda mattina di febbraio. La città era avvolta in una leggera nebbia, che rendeva ancora più affascinante il panorama dei palazzi storici riflessi sull'acqua. Con una valigia in mano e il cuore pieno di emozione, Anna si diresse verso il piccolo albergo dove avrebbe soggiornato per i prossimi giorni. Situato in una calle tranquilla, l'albergo offriva una vista perfetta su uno dei tanti canali della città.

Il primo giorno del Carnevale iniziò con una visita a Piazza San Marco, il cuore pulsante delle celebrazioni. La piazza era già animata da persone in costumi incredibili: nobili veneziani del Settecento, maschere dorate e personaggi fiabeschi. Anna si fermò a osservare un gruppo di artisti di strada che intratteneva la folla con musica e spettacoli di giocoleria.

A Carnival in Venice

Summary

Anna fulfills her dream of attending the Carnival of Venice. She immerses herself in the magical atmosphere of the city, enjoying elaborate masks, lavish balls, and artisan workshops. She meets fascinating people, including a mysterious masked man, and learns to let go and live in the moment. The Carnival concludes with a grand fireworks finale, leaving her with unforgettable memories and a deep connection to Venice.

Anna had always dreamed of attending the Carnival of Venice. The elaborate masks, opulent costumes, and the magical atmosphere of the narrow streets and canals had filled her dreams since she was a child. Finally, after years of planning, her wish was about to come true.

She arrived in Venice on a cold February morning. The city was shrouded in a light mist, making the historic palaces reflected on the water even more enchanting. With a suitcase in hand and her heart brimming with excitement, Anna made her way to the small hotel where she would be staying for the next few days. Nestled in a quiet alley, the hotel offered a perfect view of one of the city's many canals.

The first day of Carnival began with a visit to St. Mark's Square, the vibrant heart of the celebrations. The square was already alive with people in incredible costumes: 18th-century Venetian nobles, gilded masks, and fairy-tale characters. Anna stopped to watch a group of street performers entertaining the crowd with music and juggling acts.

"Benvenuta al Carnevale," disse un uomo vestito da Doge, avvicinandosi ad Anna. La sua maschera argentata copriva gran parte del volto, ma i suoi occhi azzurri brillavano di entusiasmo. "Grazie," rispose Anna, ridendo. "È il mio primo Carnevale, ed è già magico."

Nel pomeriggio, Anna visitò un piccolo laboratorio artigianale nascosto tra le calli. Lì incontrò Sofia, una mascheraia che lavorava con passione su creazioni uniche. "Ogni maschera racconta una storia," spiegò Sofia, mostrando ad Anna una maschera di velluto rosso decorata con piume e gemme. Anna decise di acquistare quella maschera, sentendo che si adattava perfettamente al suo spirito.

La sera, indossò il suo abito e la maschera e si diresse verso un ballo in maschera organizzato in un palazzo storico. L'interno era decorato con lampadari scintillanti e specchi dorati, e la musica di un quartetto d'archi riempiva l'aria. Anna si sentiva come se fosse stata trasportata in un altro tempo. Ballò con sconosciuti gentili, ridendo e lasciandosi trasportare dall'euforia del momento.

Quando la mezzanotte si avvicinò, gli ospiti furono invitati a togliere le maschere. Anna esitò per un momento, godendosi l'anonimato che la maschera le offriva, ma alla fine si unì agli altri. Quando si tolse la maschera, incrociò lo sguardo del Doge incontrato quella mattina. "Anna, vero?" chiese, sorridendo. Lei annuì, sorpresa che si ricordasse di lei.

Passarono il resto della serata a parlare, condividendo storie e sogni. Quando il ballo terminò, Anna si trovò a passeggiare per le calli silenziose con il Doge. "Questo è il vero incanto di Venezia," disse lui, indicando i riflessi delle luci sull'acqua. Anna annuì, sentendosi parte di una favola.

Quella notte, tornando al suo albergo, capì che il Carnevale di Venezia era più di una festa: era un luogo dove i sogni e la realtà si intrecciavano, creando ricordi indimenticabili.

Il giorno successivo, Anna si svegliò con il suono delle campane che rimbombavano attraverso la città. Decise di esplorare ulteriormente Venezia, immergendosi nei vicoli stretti e nei mercati vibranti. Passeggiò lungo il Canal Grande, fermandosi a osservare le gondole adornate che trasportavano coppie e famiglie mascherate.

"Welcome to the Carnival," said a man dressed as a Doge, approaching Anna. His silver mask covered most of his face, but his bright blue eyes sparkled with enthusiasm. "Thank you," Anna replied, laughing. "It's my first Carnival, and it's already magical."

In the afternoon, Anna visited a small artisan workshop hidden among the narrow streets. There she met Sofia, a mask maker passionately working on unique creations. "Every mask tells a story," Sofia explained, showing Anna a red velvet mask adorned with feathers and gems. Anna decided to buy that mask, feeling it perfectly matched her spirit.

That evening, she donned her gown and mask and headed to a masquerade ball hosted in a historic palace. The interior was adorned with glittering chandeliers and gilded mirrors, and the music of a string quartet filled the air. Anna felt as though she had been transported to another time. She danced with kind strangers, laughing and letting herself be swept up in the euphoria of the moment.

As midnight approached, the guests were invited to remove their masks. Anna hesitated for a moment, savoring the anonymity the mask provided, but ultimately joined the others. When she removed her mask, she met the gaze of the Doge she had encountered that morning. "Anna, isn't it?" he asked, smiling. She nodded, surprised he remembered her.

They spent the rest of the evening talking, sharing stories and dreams. When the ball ended, Anna found herself strolling through the quiet streets with the Doge. "This is the true magic of Venice," he said, gesturing to the reflections of lights on the water. Anna nodded, feeling as though she were living in a fairy tale.

That night, as she returned to her hotel, she realized that the Venice Carnival was more than just a celebration: it was a place where dreams and reality intertwined, creating unforgettable memories.

The next morning, Anna woke to the sound of bells echoing through the city. She decided to explore Venice further, immersing herself in its narrow alleys and vibrant markets. She strolled along the Grand Canal, stopping to admire the gondolas adorned with masked couples and families.

A mezzogiorno, si imbatté in un corteo di Carnevale che attraversava il Ponte di Rialto. I partecipanti indossavano abiti straordinari, rappresentando scene storiche e mitologiche. Tra loro, Anna riconobbe il Doge della sera precedente, che la salutò con un gesto elegante. Sentendosi sempre più a suo agio, Anna decise di unirsi al corteo, lasciandosi coinvolgere dall'energia della folla.

Nel pomeriggio, partecipò a un laboratorio di creazione di maschere organizzato da Sofia. Imparò a modellare la cartapesta e a decorare le maschere con pittura e perline. Il risultato fu una maschera unica, che Anna considerò il ricordo perfetto della sua esperienza veneziana.

La sera, un evento speciale attendeva Anna: il Gran Finale del Carnevale in Piazza San Marco. La piazza era illuminata da migliaia di luci, e un palco centrale ospitava artisti che si esibivano in spettacoli teatrali e musicali. Quando l'orologio segnò le dieci, un incredibile spettacolo di fuochi d'artificio illuminò il cielo sopra Venezia, riflettendosi nei canali sottostanti.

Anna guardava i colori esplodere nel cielo, circondata da estranei che condividevano la stessa gioia. Si sentiva incredibilmente viva, parte di qualcosa di più grande di lei. Quando i fuochi terminarono, la folla applaudì e si abbracciò, celebrando non solo il Carnevale, ma anche lo spirito unico di Venezia.

Mentre tornava al suo albergo attraverso le calli ormai silenziose, Anna rifletté su tutto ciò che aveva vissuto. Il Carnevale non era solo un evento, ma un viaggio emotivo che le aveva insegnato a lasciarsi andare e a vivere il momento. Sapeva che sarebbe tornata, non solo per il Carnevale, ma per la magia senza tempo di Venezia.

Vocabulary List

1. **Maschere** - Masks

2. **Costumi sfarzosi** - Lavish costumes

3. **Calli** - Narrow streets in Venice

4. **Canali** - Canals

At midday, Anna came across a Carnival parade crossing the Rialto Bridge. The participants wore extraordinary costumes, representing historical and mythological scenes. Among them, Anna recognized the Doge from the previous evening, who greeted her with an elegant gesture. Feeling increasingly at ease, Anna decided to join the parade, immersing herself in the energy of the crowd.

In the afternoon, she attended a mask-making workshop hosted by Sofia. She learned how to mold papier-mâché and decorate masks with paint and beads. The result was a unique mask, which Anna deemed the perfect keepsake from her Venetian adventure.

That evening, a special event awaited Anna: the Grand Finale of the Carnival in St. Mark's Square. The square was illuminated by thousands of lights, and a central stage hosted theatrical and musical performances. At ten o'clock, an incredible fireworks display lit up the sky above Venice, reflecting in the canals below.

Anna watched the colors explode in the sky, surrounded by strangers who shared the same joy. She felt incredibly alive, part of something larger than herself. When the fireworks ended, the crowd applauded and embraced, celebrating not just the Carnival but the unique spirit of Venice.

As she made her way back to her hotel through the now-quiet alleys, Anna reflected on all she had experienced. The Carnival was not just an event but an emotional journey that had taught her to let go and live in the moment. She knew she would return—not just for the Carnival but for the timeless magic of Venice.

---

5. **Piazza San Marco** - St. Mark's Square

6. **Laboratorio artigianale** - Artisan workshop

7. **Cartapesta** - Papier-mâché

8. **Gondole** - Gondolas

9. **Fuochi d'artificio** - Fireworks

10. **Corteo** - Parade

11. Palazzo storico - Historic palace

12. Quartetto d'archi - String quartet

Questions

1. **Perché Anna visita Venezia?**

o   a) Per motivi di lavoro

o   b) Per partecipare al Carnevale

o   c) Per visitare amici

o   d) Per una vacanza in famiglia

o   e) Per studiare storia dell'arte

2. **Chi incontra Anna durante la prima giornata del Carnevale?**

o   a) Un artista di strada

o   b) Una mascheraia chiamata Sofia

o   c) Un uomo vestito da Doge

o   d) Tutte le precedenti

o   e) Nessuna delle precedenti

3. **Cosa crea Anna nel laboratorio di maschere?**

o   a) Una collana unica

o   b) Una maschera personalizzata

o   c) Una scultura di cartapesta

o   d) Un dipinto veneziano

o   e) Un costume da Carnevale

4. **Qual è l'evento principale della seconda sera del Carnevale?**

o   a) Una cena tradizionale veneziana

o   b) Un corteo storico

o   c) Il Gran Finale con spettacolo di fuochi d'artificio

o   d) Un concerto di musica barocca

o   e) Un workshop artistico

5. Cosa impara Anna dal suo viaggio al Carnevale?

o   a) La storia delle maschere veneziane

o   b) A vivere il momento e lasciarsi andare

o   c) Nuove tecniche di artigianato

o   d) La cucina tradizionale di Venezia

o   e) Le tradizioni barocche veneziane

Alla Scoperta delle Tradizioni Siciliane

Riassunto

Laura visita la Sicilia per scoprire le tradizioni che sua nonna le aveva raccontato con amore. Esplora Palermo, Monreale e Cefalù, immergendosi nei mercati vivaci, nei festival locali e nelle ricette tradizionali come la pasta con le sarde. Durante un viaggio nell'entroterra, scopre il borgo di Erice, dove impara a preparare dolci tipici. Conclude il suo viaggio a Segesta, ammirando il tramonto sul tempio greco e portando con sé un profondo legame con la cultura siciliana.

Laura non era mai stata in Sicilia prima, ma ne aveva sempre sentito parlare con entusiasmo da sua nonna, che vi era cresciuta. Decise che quell'estate sarebbe stata perfetta per visitare l'isola e scoprire le tradizioni che sua nonna le aveva descritto con tanto amore. Atterrò a Palermo in una mattina luminosa, accolta dal profumo di agrumi e dal suono vivace delle strade affollate.

Il suo viaggio iniziò con una visita al mercato di Ballarò, un luogo dove colori, suoni e odori si mescolavano in un'esperienza unica. Le bancarelle erano cariche di frutta fresca, pesce appena pescato e dolci tipici come i cannoli e la cassata. "Devi assaggiare le arancine," le disse un venditore, porgendole una croccante sfera di riso ripiena di ragù. Laura assaggiò e si innamorò immediatamente del sapore ricco e speziato.

Nel pomeriggio, Laura si unì a un piccolo gruppo turistico per visitare Monreale e il suo famoso duomo. Rimase senza fiato davanti ai mosaici dorati che decoravano l'interno della chiesa, raccontando storie bibliche con una maestria unica.

Discovering Sicilian Traditions

Summary

Laura visits Sicily to discover the traditions her grandmother lovingly described. She explores Palermo, Monreale, and Cefalù, diving into vibrant markets, local festivals, and traditional recipes like pasta with sardines. A journey inland leads her to the village of Erice, where she learns to make local sweets. She ends her trip in Segesta, watching the sunset over the Greek temple, leaving with a deep appreciation for Sicilian culture.

Laura had never been to Sicily before, but she had always heard about it with enthusiasm from her grandmother, who had grown up there. She decided that this summer would be perfect to visit the island and discover the traditions her grandmother had described with such love. She landed in Palermo on a bright morning, greeted by the scent of citrus and the lively sounds of bustling streets.

Her journey began with a visit to the Ballarò market, a place where colors, sounds, and smells blended into a unique experience. The stalls were laden with fresh fruit, freshly caught fish, and typical sweets like cannoli and cassata. "You must try the arancine," a vendor told her, handing her a crispy rice ball filled with ragù. Laura took a bite and immediately fell in love with the rich, spiced flavor.

In the afternoon, Laura joined a small tour group to visit Monreale and its famous cathedral. She was left breathless by the golden mosaics that adorned the church's interior, narrating biblical stories with unparalleled artistry.

"Questo è il cuore della nostra cultura," spiegò la guida, "un intreccio di influenze arabe, normanne e bizantine che rende la Sicilia speciale."

Il giorno seguente, Laura si recò a un piccolo villaggio costiero chiamato Cefalù. Lì scoprì un festival locale dedicato al mare, con processioni, musica e piatti a base di pesce fresco. Gli abitanti la accolsero con calore, invitandola a partecipare a una gara di cucina improvvisata. Con l'aiuto di una donna del posto, preparò una pasta con le sarde, imparando i segreti di una ricetta tramandata da generazioni.

La sera, seduta su una terrazza con vista sul mare, Laura assaporò un bicchiere di vino locale mentre il sole tramontava, tingendo il cielo di arancione e rosa. Si rese conto che ogni momento in Sicilia era un invito a rallentare e a godersi la bellezza della vita.

Il terzo giorno, Laura decise di esplorare l'entroterra siciliano. Noleggiò un'auto e guidò attraverso colline verdi punteggiate di ulivi e vigneti. La sua destinazione era un antico borgo chiamato Erice, arroccato su una montagna. La strada tortuosa offriva viste spettacolari, e quando arrivò in cima, si sentì come se fosse stata trasportata indietro nel tempo.

Erice era un labirinto di stradine acciottolate, archi di pietra e cortili nascosti. Laura visitò una pasticceria famosa per i suoi dolci di mandorla. La proprietaria, una signora anziana di nome Maria, la invitò a entrare in cucina e le mostrò come preparare le genovesi, dolcetti ripieni di crema. "Questa è una ricetta della mia famiglia," disse Maria, "e tramanda il sapore di Erice da generazioni."

Nel pomeriggio, Laura si fermò al castello normanno che dominava il borgo. Da lì, poteva vedere il mare e le isole Egadi all'orizzonte. Seduta su un muretto di pietra, si prese un momento per riflettere su tutto ciò che aveva vissuto. La Sicilia non era solo un luogo, ma un intreccio di storie, tradizioni e sapori che parlavano al cuore.

Tornando a Palermo quella sera, Laura fece una tappa a Segesta per ammirare il tempio greco illuminato dal tramonto. Il sito, immerso nella natura, le trasmetteva un senso di pace e di connessione con il passato.

"This is the heart of our culture," the guide explained, "a blend of Arab, Norman, and Byzantine influences that makes Sicily so special."

The next day, Laura traveled to a small coastal village called Cefalù. There, she discovered a local festival dedicated to the sea, complete with processions, music, and dishes featuring fresh seafood. The villagers welcomed her warmly, inviting her to participate in an impromptu cooking competition. With the help of a local woman, she prepared pasta with sardines, learning the secrets of a recipe passed down through generations.

In the evening, sitting on a terrace overlooking the sea, Laura savored a glass of local wine as the sun set, painting the sky in shades of orange and pink. She realized that every moment in Sicily was an invitation to slow down and enjoy the beauty of life.

On the third day, Laura decided to explore Sicily's interior. She rented a car and drove through green hills dotted with olive trees and vineyards. Her destination was an ancient village called Erice, perched atop a mountain. The winding road offered spectacular views, and when she reached the summit, she felt as if she had been transported back in time.

Erice was a maze of cobblestone streets, stone arches, and hidden courtyards. Laura visited a bakery famous for its almond pastries. The owner, an elderly woman named Maria, invited her into the kitchen and showed her how to prepare genovesi, pastries filled with custard. "This is a recipe from my family," Maria said, "it carries the flavor of Erice through generations."

In the afternoon, Laura stopped at the Norman castle that overlooked the village. From there, she could see the sea and the Egadi Islands on the horizon. Sitting on a stone wall, she took a moment to reflect on everything she had experienced. Sicily wasn't just a place but a tapestry of stories, traditions, and flavors that spoke to the soul.

On her way back to Palermo that evening, Laura made a stop in Segesta to admire the Greek temple bathed in the light of the setting sun. The site, surrounded by nature, filled her with a sense of peace and connection to the past.

La sua avventura in Sicilia stava volgendo al termine, ma Laura sapeva che avrebbe portato con sé non solo ricordi, ma un profondo apprezzamento per l'eredità culturale dell'isola.

Vocabulary List

1. **Mercato** - Market

2. **Arancine** - Fried rice balls

3. **Mosaici** - Mosaics

4. **Pasta con le sarde** - Pasta with sardines

5. **Genovesi** - Almond-filled pastries

6. **Borgo** - Village

7. **Pasticceria** - Pastry shop

8. **Castello normanno** - Norman castle

9. **Tempio greco** - Greek temple

10. **Festival** - Festival

11. **Tradizioni** - Traditions

12. **Vigneti** - Vineyards

Questions

1. **Perché Laura decide di visitare la Sicilia?**

o a) Per lavoro

o b) Per esplorare le tradizioni raccontate da sua nonna

o c) Per una vacanza con amici

o d) Per seguire un corso di cucina

o e) Per studiare arte normanna

2. **Qual è il primo piatto tipico che Laura assaggia al mercato di Ballarò?**

Her adventure in Sicily was drawing to a close, but Laura knew she would carry with her not only memories but also a profound appreciation for the island's cultural heritage.

o   a) Cannoli

o   b) Cassata

o   c) Arancine

o   d) Pasta con le sarde

o   e) Panelle

3.   Cosa impara Laura durante il festival a Cefalù?

o   a) A cucinare genovesi

o   b) A preparare pasta con le sarde

o   c) A decorare dolci tradizionali

o   d) A suonare musica locale

o   e) A fare il vino

4.   Cosa visita Laura a Erice?

o   a) Un museo storico

o   b) Una cantina vinicola

o   c) Una pasticceria e un castello normanno

o   d) Un mercato settimanale

o   e) Una chiesa barocca

5.   Come termina il viaggio di Laura in Sicilia?

o   a) Con una visita al Duomo di Monreale

o   b) Ammirando il tramonto al tempio di Segesta

o   c) Partecipando a un altro festival locale

o   d) Tornando a Cefalù per un concerto

o   e) Visitando un antico monastero

Il Mercatino di Natale a Milano

Riassunto

Sara visita il famoso mercatino di Natale "Oh Bej! Oh Bej!" a Milano, immergendosi nella magia delle tradizioni natalizie. Tra bancarelle, dolci artigianali, laboratori creativi e spettacoli musicali, scopre il calore del Natale milanese. Visita il Duomo, la Galleria Vittorio Emanuele II e assiste a un'opera al Teatro alla Scala, concludendo il viaggio con un piccolo presepe di legno che porta con sé come ricordo di un Natale speciale.

Sara aveva sempre amato il Natale, ma quest'anno aveva deciso di renderlo speciale visitando il famoso mercatino di Natale di Milano, noto come "Oh Bej! Oh Bej!". Situato intorno al Castello Sforzesco, il mercato era una tradizione che risaliva al XVI secolo e attirava visitatori da ogni parte d'Italia.

La mattina in cui Sara arrivò a Milano, l'aria era frizzante e le strade del centro erano illuminate da decorazioni scintillanti. Con una sciarpa di lana avvolta intorno al collo, si diresse verso il Castello Sforzesco, seguendo il profumo di caldarroste e vin brulé che riempiva l'aria. Le bancarelle erano decorate con luci colorate e offrivano una varietà di prodotti: decorazioni natalizie, artigianato locale, dolci tradizionali e giocattoli di legno.

Una delle prime bancarelle che attirò la sua attenzione vendeva addobbi natalizi in vetro soffiato. Sara osservò incantata le delicate sfere dipinte a mano, ognuna unica nel suo genere. Decise di acquistarne una raffigurante la scena della Natività, pensando che sarebbe stata perfetta per l'albero di Natale di casa.

The Christmas Market in Milan

Summary

Sara visits Milan's famous Christmas market "Oh Bej! Oh Bej!", immersing herself in the magic of holiday traditions. Between market stalls, artisanal sweets, creative workshops, and musical performances, she experiences the warmth of Milanese Christmas. She visits the Duomo, Galleria Vittorio Emanuele II, and attends an opera at Teatro alla Scala, ending her trip with a wooden nativity scene as a memento of a special Christmas.

Sara had always loved Christmas, but this year she decided to make it special by visiting Milan's famous Christmas market, known as "Oh Bej! Oh Bej!" Located around the Sforza Castle, the market was a tradition dating back to the 16th century and attracted visitors from all over Italy.

The morning Sara arrived in Milan, the air was crisp, and the city center streets were aglow with sparkling decorations. With a wool scarf wrapped around her neck, she headed toward the Sforza Castle, following the scent of roasted chestnuts and mulled wine that filled the air. The stalls were adorned with colorful lights and offered a variety of products: Christmas decorations, local crafts, traditional sweets, and wooden toys.

One of the first stalls that caught her attention sold blown glass Christmas ornaments. Sara gazed in awe at the delicate, hand-painted spheres, each one unique. She decided to purchase one depicting the Nativity scene, thinking it would be perfect for her Christmas tree at home.

Continuando a passeggiare, si fermò a una bancarella che vendeva dolciumi. Qui assaggiò per la prima volta il panettone artigianale, un dolce simbolo del Natale milanese. Il venditore, un uomo gentile con un accento lombardo marcato, le spiegò che la ricetta risaliva a generazioni passate. Sara apprezzò il sapore ricco e soffice, promettendosi di portarne uno a casa per condividerlo con la famiglia.

Nel pomeriggio, Sara si unì a un laboratorio organizzato all'interno del mercato, dove i visitatori potevano imparare a creare candele profumate. Con l'aiuto di un artigiano locale, preparò una candela alla cannella e arancia, il cui profumo evocava immediatamente lo spirito natalizio. "Questa sarà un regalo perfetto," pensò con un sorriso.

Con il calare della sera, le luci del mercato si fecero ancora più brillanti, creando un'atmosfera incantata. Un piccolo coro locale iniziò a cantare carole di Natale vicino a un grande albero decorato, attirando una folla di persone che si unì nel canto. Sara, avvolta nel calore della musica e della compagnia, si sentì completamente immersa nella magia del Natale.

Prima di lasciare il mercato, si fermò a una bancarella che vendeva vin brulé. Con una tazza calda tra le mani, si sedette su una panchina vicino al castello, osservando le luci e le persone che si godevano la serata. "Questo è esattamente ciò di cui avevo bisogno," pensò. Il mercatino di Natale di Milano le aveva regalato non solo momenti di gioia, ma anche un ricordo che avrebbe custodito per sempre.

Il giorno successivo, Sara decise di esplorare altre tradizioni natalizie milanesi. Iniziò la giornata visitando il Duomo, dove un grande albero di Natale era stato allestito nella piazza principale. La cattedrale, maestosa e illuminata dalla luce del mattino, la lasciò senza parole. Decise di entrare e trascorrere un momento di riflessione, ascoltando un coro che provava canti natalizi.

Dopo la visita al Duomo, si diresse verso la Galleria Vittorio Emanuele II. Le vetrine dei negozi erano decorate con elaborati temi natalizi, e al centro della galleria era stato posizionato un albero di Natale decorato con luci e cristalli. Sara si fermò per un caffè in uno dei caffè storici, godendosi l'atmosfera elegante e festosa.

As she continued to stroll, Sara stopped at a stall selling sweets. There, she tried artisanal panettone for the first time, a symbol of Milanese Christmas. The vendor, a kind man with a strong Lombard accent, explained that the recipe had been passed down through generations. Sara savored the rich, soft flavor, promising herself to bring one home to share with her family.

In the afternoon, Sara joined a workshop organized within the market, where visitors could learn to create scented candles. With the help of a local artisan, she made a cinnamon and orange candle, its aroma instantly evoking the Christmas spirit. "This will be a perfect gift," she thought with a smile.

As evening fell, the market lights became even brighter, creating an enchanting atmosphere. A small local choir began singing Christmas carols near a large decorated tree, drawing a crowd that joined in the singing. Wrapped in the warmth of the music and the company, Sara felt completely immersed in the magic of Christmas.

Before leaving the market, she stopped at a stall selling mulled wine. With a warm cup in her hands, she sat on a bench near the castle, watching the lights and the people enjoying the evening. "This is exactly what I needed," she thought. The Milan Christmas market had given her not only moments of joy but also a memory she would cherish forever.

The next day, Sara decided to explore more Milanese Christmas traditions. She began her day by visiting the Duomo, where a large Christmas tree had been set up in the main square. The cathedral, majestic and illuminated by the morning light, left her speechless. She decided to step inside and spend a moment reflecting, listening to a choir rehearsing Christmas songs.

After visiting the Duomo, she headed to the Galleria Vittorio Emanuele II. The shop windows were decorated with elaborate Christmas themes, and at the center of the gallery stood a Christmas tree adorned with lights and crystals. Sara paused for a coffee at one of the historic cafés, savoring the elegant and festive atmosphere.

Nel pomeriggio, decise di partecipare a una tradizione tipica del periodo natalizio: assistere a una rappresentazione del "Lohengrin" di Wagner al Teatro alla Scala. Anche se non aveva mai visto un'opera prima, rimase affascinata dall'energia e dall'eleganza dello spettacolo. L'auditorium, addobbato per le feste, era uno spettacolo in sé.

La sera, Sara tornò al mercatino per un'ultima passeggiata. Questa volta, si concentrò sui piccoli dettagli: le risate dei bambini, il calore delle famiglie riunite e la gentilezza degli artigiani che raccontavano le storie dei loro prodotti. Si fermò a parlare con una signora anziana che vendeva sciarpe fatte a mano. La donna le raccontò di come il mercatino fosse una tradizione di famiglia e un modo per condividere l'arte del lavoro manuale con il mondo.

Prima di tornare al suo albergo, Sara comprò un piccolo presepe in legno intagliato, pensando che sarebbe stato un ricordo perfetto di quel viaggio. Camminando verso l'uscita, si girò per un ultimo sguardo al Castello Sforzesco illuminato. Sapeva che quel Natale sarebbe rimasto speciale nel suo cuore, un ricordo di luci, sapori e tradizioni che aveva scoperto a Milano.

Vocabulary List

1. **Mercatino** - Market

2. **Caldarroste** - Roasted chestnuts

3. **Vin brulé** - Mulled wine

4. **Addobbi natalizi** - Christmas decorations

5. **Panettone** - Traditional Milanese Christmas cake

6. **Candele profumate** - Scented candles

7. **Duomo** - Cathedral

8. **Galleria Vittorio Emanuele II** - Iconic shopping gallery in Milan

9. **Teatro alla Scala** - La Scala Theater

10. **Presepe** - Nativity scene

In the afternoon, Sara decided to partake in a classic Christmas tradition: attending a performance of Wagner's Lohengrin at Teatro alla Scala. Even though she had never seen an opera before, she was captivated by the energy and elegance of the production. The auditorium, adorned for the holidays, was a spectacle in itself.

That evening, Sara returned to the Christmas market for one final stroll. This time, she focused on the small details: the laughter of children, the warmth of families gathered together, and the kindness of artisans sharing the stories behind their creations. She stopped to talk to an elderly woman selling handmade scarves. The woman shared how the market was a family tradition and a way to share the art of craftsmanship with the world.

Before heading back to her hotel, Sara purchased a small hand-carved wooden nativity scene, thinking it would be a perfect keepsake from her trip. As she walked toward the exit, she turned for one last look at the illuminated Sforza Castle. She knew this Christmas would remain special in her heart, a memory of lights, flavors, and traditions she had discovered in Milan.

---

11. Luci natalizie - Christmas lights

12. Artigianato - Handicrafts

Questions

1. **Dove si svolge il mercatino di Natale visitato da Sara?**

o   a) Piazza Duomo

o   b) Castello Sforzesco

o   c) Navigli

o   d) Galleria Vittorio Emanuele II

o   e) Parco Sempione

2. Qual è il primo dolce che Sara assaggia al mercato?

o   a) Torrone

o   b) Panettone

o   c) Pandoro

o   d) Biscotti di Natale

o   e) Strudel

3. Cosa impara Sara nel laboratorio organizzato al mercatino?

o   a) A creare decorazioni natalizie

o   b) A preparare candele profumate

o   c) A cucinare dolci tipici milanesi

o   d) A intagliare il legno

o   e) A cantare carole di Natale

4. Quale spettacolo assiste Sara al Teatro alla Scala?

o   a) "Lohengrin" di Wagner

o   b) "La Traviata" di Verdi

o   c) "Il Barbiere di Siviglia" di Rossini

o   d) "Carmen" di Bizet

o   e) "Madama Butterfly" di Puccini

5. Qual è l'ultimo oggetto che Sara compra al mercatino?

o   a) Una sciarpa fatta a mano

o   b) Un presepe in legno intagliato

o   c) Una candela alla cannella

o   d) Un panettone artigianale

o   e) Un addobbo natalizio in vetro

La Biblioteca Nascosta di Napoli

Riassunto

Elena si reca a Napoli per scoprire una biblioteca leggendaria di cui suo nonno le parlava da bambina. Grazie a indizi trovati in un libro antico e alla guida del libraio Salvatore, scopre l'ingresso della biblioteca nascosta. Lì, esplora tesori culturali e trova un diario che rivela che suo nonno era stato un custode segreto del luogo. Con il cuore colmo di emozione, Elena decide di onorare il desiderio del nonno di proteggere e condividere la conoscenza della biblioteca con saggezza.

Elena aveva sempre sentito parlare della magia di Napoli, una città ricca di storia, cultura e mistero. Da bambina, suo nonno le raccontava storie di un luogo segreto nascosto nel cuore della città: una biblioteca antica, piena di manoscritti dimenticati e libri rari. Ora, da adulta, Elena si era promessa di scoprire se quella leggenda fosse vera.

La sua avventura iniziò in una mattina limpida, con il Vesuvio che si stagliava maestoso all'orizzonte. Camminando per i vicoli stretti e affollati del centro storico, Elena si fermò davanti a una libreria polverosa chiamata "L'Antro dei Libri." Le vetrine erano piene di volumi antichi, e il profumo di carta invecchiata le evocò immediatamente i racconti di suo nonno.

All'interno, incontrò un anziano libraio di nome Salvatore, che la accolse con un sorriso enigmatico. Quando Elena menzionò la biblioteca nascosta, lui esitò per un momento, poi le fece cenno di seguirlo verso il retro del negozio. Lì, dietro una tenda di velluto, c'era una porta di legno massiccio con un antico simbolo inciso sopra.

The Hidden Library of Naples

Summary

Elena travels to Naples to uncover a legendary library her grandfather spoke of in her childhood. Guided by clues from an ancient book and the help of a bookseller named Salvatore, she discovers the hidden library's entrance. There, she explores cultural treasures and finds a diary revealing that her grandfather was a secret guardian of the place. Filled with emotion, Elena resolves to honor her grandfather's wish to protect and share the library's knowledge wisely.

Elena had always heard about the magic of Naples, a city rich in history, culture, and mystery. As a child, her grandfather would tell her stories about a secret place hidden in the heart of the city: an ancient library filled with forgotten manuscripts and rare books. Now, as an adult, Elena had promised herself she would find out if that legend was true.

Her adventure began on a clear morning, with Mount Vesuvius towering majestically on the horizon. Walking through the narrow, bustling streets of the historic center, Elena stopped in front of a dusty bookstore called "L'Antro dei Libri" (The Book's Lair). Its windows were filled with ancient volumes, and the scent of aged paper instantly brought her grandfather's tales to mind.

Inside, she met an elderly bookseller named Salvatore, who greeted her with an enigmatic smile. When Elena mentioned the hidden library, he hesitated for a moment, then gestured for her to follow him to the back of the shop. There, behind a velvet curtain, stood a massive wooden door with an ancient symbol etched above it.

"La biblioteca esiste," disse Salvatore sottovoce. "Ma è un luogo che pochi conoscono. Devi seguire le istruzioni di questo libro." Le porse un volume logoro con il titolo "Le Chiavi del Sapere". Dentro c'erano mappe, indizi e enigmi che promettevano di condurla alla biblioteca.

Determinata, Elena trascorse il resto della giornata seguendo gli indizi del libro. Ogni passo la portava più in profondità nella città: un simbolo nascosto in una statua, una frase incisa su una vecchia fontana, un passaggio segreto in una cripta sotto una chiesa. Ogni scoperta era una piccola vittoria che la avvicinava al suo obiettivo.

Al calare della sera, trovò finalmente l'ingresso nascosto della biblioteca, una porta scolpita nella pietra con intricati motivi di foglie e pergamene. Elena usò una chiave che aveva trovato durante la sua ricerca per aprirla. Quando entrò, fu accolta da una visione straordinaria: scaffali altissimi pieni di libri di ogni epoca, scale a chiocciola in ferro battuto e lampade che emettevano una luce calda e soffusa.

Mentre esplorava, trovò manoscritti che non erano mai stati catalogati, mappe antiche e volumi che sembravano raccontare storie dimenticate dal tempo. Sentì un senso di meraviglia e responsabilità. Quella biblioteca non era solo un luogo, ma un tesoro culturale che doveva essere preservato.

Improvvisamente, notò una piccola targhetta con il nome di suo nonno su uno scaffale. Con mani tremanti, estrasse un libro e scoprì che conteneva appunti e annotazioni personali. Sembrava che suo nonno fosse stato qui prima di lei. Con un sorriso e una lacrima che le scivolava lungo il viso, Elena capì che la sua avventura era più di una semplice ricerca: era un legame con il passato e con le storie che aveva sempre amato.

Elena trascorse ore a esplorare la biblioteca, immergendosi nei segreti dei suoi volumi. Ogni scaffale sembrava raccontare una storia: libri di alchimia, diari di esploratori e antichi trattati di filosofia erano solo alcune delle meraviglie che scoprì. Alla fine, si imbatté in un piccolo cofanetto nascosto tra due grandi enciclopedie. Il cofanetto era chiuso da una serratura intricata, ma Elena ricordò un indizio trovato nel libro di Salvatore e utilizzò una combinazione di lettere per aprirlo.

"The library exists," Salvatore said in a low voice. "But it is a place few know. You must follow the instructions in this book." He handed her a worn volume titled "The Keys of Knowledge." Inside were maps, clues, and riddles that promised to lead her to the library.

Determined, Elena spent the rest of the day following the book's clues. Each step took her deeper into the city: a hidden symbol on a statue, an inscription on an old fountain, a secret passage in a crypt beneath a church. Every discovery was a small victory that brought her closer to her goal.

As evening fell, she finally found the hidden entrance to the library—a doorway carved into stone, adorned with intricate patterns of leaves and scrolls. Using a key she had uncovered during her search, she unlocked the door. When she entered, she was greeted by an extraordinary sight: towering shelves filled with books from every era, wrought-iron spiral staircases, and lamps casting a warm, soft glow.

As she explored, she found uncatalogued manuscripts, ancient maps, and volumes that seemed to tell stories forgotten by time. She felt a profound sense of wonder and responsibility. This library wasn't just a place but a cultural treasure that needed to be preserved.

Suddenly, she noticed a small plaque with her grandfather's name on one of the shelves. With trembling hands, she pulled out a book and discovered it contained his notes and personal annotations. It seemed her grandfather had been here before her. Smiling, with a tear rolling down her cheek, Elena realized her adventure was more than just a quest—it was a connection to the past and the stories she had always cherished.

Elena spent hours exploring the library, delving into the secrets of its volumes. Every shelf seemed to tell a story: books on alchemy, explorers' diaries, and ancient philosophical treatises were just some of the wonders she uncovered. Eventually, she stumbled upon a small chest hidden between two large encyclopedias. The chest had an intricate lock, but Elena recalled a clue from Salvatore's book and used a letter combination to open it.

Dentro, trovò una pergamena avvolta con cura. Il testo era scritto in una calligrafia elegante e riportava un messaggio criptico: "La conoscenza è il nostro vero tesoro, ma deve essere condivisa con saggezza." La pergamena conteneva anche una mappa che indicava un punto specifico nella biblioteca.

Seguendo le indicazioni, Elena trovò una sala segreta dietro una libreria mobile. La stanza era molto più piccola rispetto alla biblioteca principale, ma il suo contenuto era straordinario: volumi rilegati in pelle con titoli dorati, strumenti di scrittura antichi e un globo terrestre che sembrava essere stato usato per tracciare rotte inesplorate. In un angolo, trovò un diario con il nome di suo nonno inciso sulla copertina.

Sfogliando le pagine, scoprì che suo nonno aveva lavorato come custode segreto della biblioteca. Aveva annotato i suoi pensieri e le sue scoperte, esprimendo il desiderio che un giorno la biblioteca fosse aperta a un pubblico più ampio. Tra le pagine, c'erano anche lettere indirizzate a Elena, in cui le raccontava quanto fosse importante proteggere quel luogo e trasmetterne il valore alle generazioni future.

Con il cuore pieno di emozione, Elena capì che il suo viaggio non era terminato. Ora aveva una missione: onorare il desiderio di suo nonno e trovare un modo per condividere la bellezza e la conoscenza della biblioteca senza compromettere il suo mistero. Uscì dalla biblioteca con una nuova determinazione, sapendo che avrebbe custodito quel segreto con lo stesso amore e rispetto che suo nonno le aveva trasmesso.

Vocabulary List

1. **Archivio segreto** - Secret archive

2. **Tomi** - Tomes

3. **Simboli nascosti** - Hidden symbols

4. **Scritte antiche** - Ancient writings

5. **Cassettina** - Small box

6. **Volumi rari** - Rare volumes

Inside, she found a carefully wrapped scroll. The text, written in elegant calligraphy, carried a cryptic message: "Knowledge is our true treasure, but it must be shared wisely." The scroll also included a map pointing to a specific spot within the library.

Following the directions, Elena found a secret room behind a sliding bookshelf. The room was much smaller than the main library, but its contents were extraordinary: leather-bound volumes with gilded titles, ancient writing tools, and a globe that seemed to have been used to trace unexplored routes. In one corner, she discovered a diary with her grandfather's name engraved on the cover.

Flipping through its pages, she learned that her grandfather had been a secret custodian of the library. He had recorded his thoughts and discoveries, expressing his wish for the library to one day be accessible to a wider audience. Among the pages were letters addressed to Elena, in which he shared how important it was to protect the library and pass on its value to future generations.

With her heart full of emotion, Elena realized her journey wasn't over. She now had a mission: to honor her grandfather's wish and find a way to share the beauty and knowledge of the library without compromising its mystery. She left the library with newfound determination, knowing she would guard its secrets with the same love and respect her grandfather had passed on to her.

---

7. **Sala del sapere** - Hall of knowledge

8. **Scritture cifrate** - Ciphered writings

9. **Antichi codici** - Ancient codes

10. **Chiave misteriosa** - Mysterious key

11. **Segreti tramandati** - Passed-down secrets

12. **Mappe perdute** - Lost maps

Questions

1. **Perché Elena visita Napoli?**

o   a) Per scoprire la biblioteca segreta di cui parlava suo nonno

o   b) Per una vacanza

o   c) Per studiare la storia della città

o   d) Per partecipare a una mostra di libri antichi

o   e) Per lavoro

2. **Chi aiuta Elena a trovare la biblioteca?**

o   a) Suo nonno

o   b) Un anziano libraio chiamato Salvatore

o   c) Un archeologo locale

o   d) Una guida turistica

o   e) Un amico d'infanzia

3. **Cosa trova Elena nella sala segreta della biblioteca?**

o   a) Una collezione di mappe antiche

o   b) Un diario appartenuto a suo nonno

o   c) Una pergamena con un messaggio criptico

o   d) Tutte le precedenti

o   e) Nessuna delle precedenti

4. **Qual è il messaggio sulla pergamena trovata da Elena?**

o   a) "La conoscenza deve essere protetta a ogni costo."

o   b) "La conoscenza è il nostro vero tesoro, ma deve essere condivisa con saggezza."

o   c) "Questa biblioteca appartiene a coloro che ne comprendono il valore."

o   d) "Solo chi cerca troverà la verità."

o   e) "La cultura è il futuro dell'umanità."

5. Cosa decide di fare Elena alla fine della storia?

o   a) Rivelare l'esistenza della biblioteca al pubblico

o   b) Custodire il segreto con amore e rispetto, condividendolo con saggezza

o   c) Donare i libri a un museo

o   d) Abbandonare la biblioteca per paura di comprometterne il mistero

o   e) Scrivere un libro sulla sua esperienza

La Leggenda della Costiera Amalfitana

Riassunto

Sofia, ispirata dalle storie del suo villaggio sulla Grotta di Smeraldo, decide di esplorare il luogo misterioso. Trova una conchiglia incisa con un messaggio che parla di un legame sacro tra la comunità costiera e il mare. Tornata alla grotta, scopre una sala segreta dove la conchiglia rivela simboli luminosi che narrano la storia di un'antica civiltà in armonia con il mare. Con emozione, Sofia comprende l'importanza di proteggere il mistero e il significato culturale della grotta.

Sofia aveva sempre considerato l'Amalfi una delle coste più affascinanti del mondo. Cresciuta in un piccolo villaggio collinare, aveva spesso ascoltato storie che intrecciavano realtà e mito, raccontate dagli anziani durante le lunghe serate estive. Tra tutte, c'era una leggenda che spiccava: la storia di una grotta nascosta, conosciuta come la Grotta di Smeraldo, che custodiva un antico segreto.

Una mattina d'estate, con il sole che si rifletteva sul mare azzurro, Sofia decise che era giunto il momento di esplorare quel luogo misterioso. Armata di una mappa fatta a mano che aveva trovato nella soffitta di sua nonna, si incamminò lungo i sentieri tortuosi che scendevano verso la costa. La mappa indicava un piccolo ingresso nascosto tra le rocce, accessibile solo durante la bassa marea.

Dopo ore di cammino, Sofia raggiunse il punto segnato sulla mappa. Il suono delle onde si infrangeva contro le rocce, creando una melodia che sembrava guidarla. Con cautela, si arrampicò tra le pietre e trovò l'ingresso: un arco naturale coperto da una fitta vegetazione. Respirò profondamente e si avventurò dentro.

The Legend of the Amalfi Coast

Summary

Inspired by village tales of the Emerald Grotto, Sofia sets out to explore the mysterious location. She finds an engraved shell with a message about a sacred bond between the coastal community and the sea. Returning to the grotto, she discovers a secret chamber where the shell reveals glowing symbols narrating the story of an ancient civilization in harmony with the sea. Moved, Sofia realizes the importance of preserving the grotto's mystery and cultural significance.

Sofia had always considered the Amalfi Coast one of the most enchanting in the world. Growing up in a small hillside village, she had often listened to stories weaving together reality and myth, told by the elders during long summer evenings. Among them, one legend stood out: the tale of a hidden cave known as the Emerald Grotto, which was said to guard an ancient secret.

One summer morning, with the sun reflecting on the azure sea, Sofia decided it was time to explore that mysterious place. Armed with a hand-drawn map she had found in her grandmother's attic, she set out along the winding paths descending toward the coast. The map indicated a small entrance hidden among the rocks, accessible only during low tide.

After hours of walking, Sofia reached the spot marked on the map. The sound of waves crashing against the rocks created a melody that seemed to guide her. Carefully, she climbed over the stones and found the entrance: a natural arch covered with thick vegetation. Taking a deep breath, she ventured inside.

La grotta era un capolavoro della natura. Le pareti riflettevano una luce verde brillante, mentre l'acqua era così limpida che Sofia poteva vedere il fondo ricoperto di pietre colorate. Mentre avanzava, notò incisioni sulle pareti: simboli antichi e disegni che sembravano raccontare una storia. Al centro della grotta, trovò un piccolo altare di pietra su cui era poggiato un oggetto coperto da una stoffa consumata dal tempo.

Con mani tremanti, Sofia sollevò la stoffa e rivelò una conchiglia di madreperla incisa con dettagli intricati. Al suo interno c'era un messaggio scritto in una lingua che sembrava un misto di italiano antico e latino. Decise di scattare una foto e portarla al vecchio professore di storia del villaggio, il signor Marino, che aveva sempre mostrato interesse per queste leggende.

Tornata al villaggio, Sofia raccontò la sua scoperta al signor Marino. Lui, emozionato, tradusse il messaggio, che parlava di un antico legame tra la gente della costa e il mare. La conchiglia era un simbolo di protezione e prosperità, custodita per garantire equilibrio tra uomo e natura. Marino spiegò che la leggenda diceva che solo chi rispettava profondamente il mare poteva trovare la grotta.

Sofia si rese conto che la Grotta di Smeraldo non era solo un luogo fisico, ma un simbolo del rapporto unico tra la comunità della costa e l'ambiente che li circondava. Con un senso di responsabilità e meraviglia, decise di mantenere segreta la posizione esatta della grotta, condividendo solo la sua storia per ispirare gli altri a proteggere la bellezza e il mistero dell'Amalfi.

Nei giorni successivi, Sofia non poteva fare a meno di pensare alla grotta e alla conchiglia. Le parole del messaggio continuavano a riecheggiare nella sua mente, riempiendola di curiosità. Decise di tornare alla Grotta di Smeraldo, questa volta con un taccuino e una torcia per documentare tutto in dettaglio. Preparò uno zaino con acqua, cibo e il taccuino, pronta a esplorare ulteriormente quel luogo magico.

Raggiunse la grotta durante la bassa marea e si avventurò di nuovo al suo interno.

The cave was a masterpiece of nature. The walls reflected a brilliant green light, while the water was so clear that Sofia could see the bottom covered with colorful stones. As she moved forward, she noticed carvings on the walls: ancient symbols and drawings that seemed to tell a story. At the center of the cave, she found a small stone altar on which lay an object covered by a cloth worn with time.

With trembling hands, Sofia lifted the cloth, revealing a mother-of-pearl shell engraved with intricate details. Inside the shell was a message written in a language that seemed to be a mix of Old Italian and Latin. She decided to take a photo and bring it to the village's old history professor, Mr. Marino, who had always shown an interest in such legends.

Back in the village, Sofia recounted her discovery to Mr. Marino. Excited, he translated the message, which spoke of an ancient bond between the coastal people and the sea. The shell was a symbol of protection and prosperity, kept to ensure harmony between humanity and nature. Marino explained that the legend said only those with a profound respect for the sea could find the grotto.

Sofia realized that the Emerald Grotto was not just a physical place but a symbol of the unique relationship between the coastal community and the environment surrounding them. With a sense of responsibility and wonder, she decided to keep the exact location of the grotto secret, sharing only its story to inspire others to protect the beauty and mystery of Amalfi.

In the days that followed, Sofia couldn't stop thinking about the grotto and the shell. The words of the message echoed in her mind, filling her with curiosity. She decided to return to the Emerald Grotto, this time with a notebook and a flashlight to document everything in detail. She packed a backpack with water, food, and her notebook, ready to further explore that magical place.

She reached the grotto during low tide and ventured inside once more.

Questa volta, osservò attentamente i simboli sulle pareti. Con l'aiuto della torcia, scoprì nuovi dettagli che non aveva notato prima: figure che rappresentavano creature marine e scene di vita quotidiana di un popolo antico. Scattò diverse foto e trascrisse i simboli nel suo taccuino.

Mentre continuava a esplorare, notò un piccolo passaggio che sembrava condurre a una seconda camera della grotta. Il passaggio era stretto e buio, ma Sofia decise di proseguire. Strisciando attraverso il corridoio, raggiunse una sala più ampia, illuminata da un'apertura naturale nel soffitto da cui filtrava la luce del sole. Al centro della sala c'era una grande pietra circolare con incisioni che sembravano indicare un antico rituale.

Sofia si avvicinò alla pietra e notò che al centro c'era una cavità perfetta per ospitare la conchiglia. Con esitazione, posizionò la conchiglia nella cavità, e immediatamente sentì un suono basso e profondo, simile a un canto sommesso. L'acqua nella grotta iniziò a incresparsi leggermente, come se rispondesse al suono.

Improvvisamente, un fascio di luce verde brillante si rifletté sulle pareti della sala, illuminando simboli che non erano visibili prima. Sofia li osservò attentamente e notò che sembravano narrare la storia di un'antica civiltà che aveva abitato la costa, vivendo in perfetta armonia con il mare. Questa civiltà aveva creato la conchiglia come simbolo della loro devozione e del loro rispetto per l'ambiente marino.

Dopo alcuni minuti, il canto e la luce si affievolirono, lasciando Sofia immersa in un silenzio carico di emozione. Con il cuore che batteva forte, rimosse la conchiglia dalla pietra e decise che era il momento di tornare al villaggio. Questa nuova scoperta doveva essere condivisa con il signor Marino e con chi poteva aiutare a preservare la storia della Grotta di Smeraldo.

Vocabulary List

1. **Grotta nascosta** - Hidden cave

2. **Conchiglia decorata** - Decorated shell

This time, Sofia carefully examined the symbols on the walls. Using her flashlight, she discovered new details she hadn't noticed before: figures representing marine creatures and scenes of daily life from an ancient people. She took several photos and transcribed the symbols into her notebook.

As she continued exploring, she noticed a small passageway that seemed to lead to a second chamber of the cave. The passage was narrow and dark, but Sofia decided to proceed. Crawling through the corridor, she reached a larger chamber, illuminated by a natural opening in the ceiling through which sunlight streamed. At the center of the chamber was a large circular stone with carvings that appeared to depict an ancient ritual.

Sofia approached the stone and noticed a cavity at its center, perfectly shaped to hold the shell. Hesitantly, she placed the shell into the cavity, and immediately, she heard a low, deep sound, akin to a soft chant. The water in the cave began to ripple slightly, as if responding to the sound.

Suddenly, a beam of brilliant green light reflected off the walls of the chamber, illuminating symbols that had not been visible before. Sofia studied them carefully and realized they appeared to tell the story of an ancient civilization that had lived along the coast in perfect harmony with the sea. This civilization had created the shell as a symbol of their devotion and respect for the marine environment.

After a few minutes, the chant and the light faded, leaving Sofia in a silence heavy with emotion. With her heart pounding, she removed the shell from the stone and decided it was time to return to the village. This new discovery needed to be shared with Mr. Marino and others who could help preserve the history of the Emerald Grotto.

3. **Simboli antichi** - Ancient symbols

4. **Messaggio segreto** - Secret message

5. **Altare scolpito** - Carved altar

6. **Sala nascosta** - Hidden chamber

7. **Antica cultura marina** - Ancient maritime culture

8. **Riflessi verdi** - Green reflections

9. **Pietra rituale** - Ritual stone

10. **Luce riflessa** - Reflected light

11. **Rituale misterioso** - Mysterious ritual

12. **Rispetto per il mare** - Respect for the sea

Questions

1. **Perché Sofia decide di esplorare la Grotta di Smeraldo?**

o a) Per una ricerca scientifica

o b) Per curiosità ispirata da leggende locali

o c) Per trovare un tesoro nascosto

o d) Per scattare fotografie per un progetto artistico

o e) Per accompagnare un amico archeologo

2. **Cosa trova Sofia al centro della grotta nella sua prima visita?**

o a) Un altare con una conchiglia incisa

o b) Un antico libro di leggende

o c) Una mappa nascosta

o d) Una statua di una divinità marina

o e) Una pietra preziosa

3. **Qual è il significato della conchiglia secondo il signor Marino?**

o a) Simbolo di potere e ricchezza

o b) Simbolo di protezione e prosperità

o c) Oggetto decorativo senza valore storico

o d) Un dono degli dèi per la gente della costa

o   e) Un artefatto magico per dominare il mare

4. Cosa succede quando Sofia posiziona la conchiglia nella cavità della pietra?

o   a) La grotta si inonda di acqua

o   b) I simboli sulle pareti si illuminano e narrano una storia

o   c) Si apre un passaggio segreto verso un'altra grotta

o   d) La conchiglia si frantuma, rivelando un oggetto nascosto

o   e) Un suono melodioso attira creature marine nella grotta

5. Cosa decide di fare Sofia alla fine della storia?

o   a) Pubblicare un libro sulla grotta

o   b) Mantenere segreta la posizione della grotta e condividere solo la sua storia

o   c) Vendere la conchiglia a un museo

o   d) Tornare alla grotta per esplorarla ulteriormente

o   e) Organizzare visite guidate per promuovere il turismo locale

La Ricetta Segreta

Riassunto

Giulia eredita la ricetta segreta di famiglia, conosciuta come la "Salsa della Nonna," durante una cerimonia speciale per il suo venticinquesimo compleanno. Impara ogni dettaglio dalla nonna Maria e scopre il significato profondo della tradizione. Nei giorni seguenti, aggiunge il suo tocco personale con il rosmarino fresco, rendendo la ricetta un simbolo di innovazione e continuità familiare.

Giulia aveva sempre saputo che la sua famiglia possedeva un piccolo tesoro: una ricetta segreta tramandata di generazione in generazione. Era una salsa speciale, conosciuta nella loro cittadina come la "Salsa della Nonna," capace di trasformare qualsiasi piatto in un capolavoro. Tuttavia, la ricetta era avvolta dal mistero. Solo un membro della famiglia per generazione aveva il privilegio di conoscerla, e Giulia sapeva che, un giorno, sarebbe toccato a lei.

La tradizione voleva che la ricetta venisse rivelata al membro successivo durante una cerimonia speciale, sempre nel giorno del suo venticinquesimo compleanno. Quando quel giorno finalmente arrivò, Giulia era emozionata e un po' nervosa. La sua nonna, Maria, la invitò nella vecchia cucina di famiglia, un luogo pieno di ricordi e profumi.

"Giulia, oggi è il tuo turno di portare avanti la nostra tradizione," disse Maria, porgendole un piccolo quaderno di pelle consumata dal tempo. Giulia lo aprì con mani tremanti e scoprì che, oltre alla ricetta, c'erano annotazioni e storie di famiglia. Ogni ingrediente aveva una storia, ogni passaggio un segreto custodito con amore.

The Secret Recipe

Summary

Giulia inherits her family's secret recipe, known as the "Grandmother's Sauce," during a special ceremony on her 25th birthday. She learns every detail from her grandmother Maria and discovers the deep meaning behind the tradition. In the following days, she adds her personal touch with fresh rosemary, turning the recipe into a symbol of innovation and family continuity.

Giulia had always known that her family possessed a small treasure: a secret recipe passed down through generations. It was a special sauce, known in their town as the "Grandmother's Sauce," capable of turning any dish into a masterpiece. However, the recipe was shrouded in mystery. Only one family member per generation was granted the privilege of knowing it, and Giulia knew that, one day, it would be her turn.

Tradition dictated that the recipe be revealed to the next member during a special ceremony, always on their twenty-fifth birthday. When that day finally arrived, Giulia was both excited and a little nervous. Her grandmother, Maria, invited her to the old family kitchen, a place filled with memories and rich aromas.

"Giulia, today it is your turn to carry on our tradition," Maria said, handing her a small leather notebook worn with time. Giulia opened it with trembling hands and discovered that, beyond the recipe, there were notes and family stories. Every ingredient had a story, every step a secret lovingly guarded.

"Non è solo una ricetta," spiegò Maria. "È la storia della nostra famiglia. Quando la prepari, devi farlo con il cuore, altrimenti il sapore non sarà mai quello giusto."

Giulia passò il pomeriggio con sua nonna, imparando ogni dettaglio. La salsa richiedeva ingredienti semplici ma di altissima qualità: pomodori maturi, basilico fresco, olio d'oliva fatto in casa e un ingrediente segreto che Maria non rivelò subito. Quando la salsa iniziò a cuocere, l'aroma che si sprigionava riempì la cucina, riportando a Giulia ricordi d'infanzia di pranzi domenicali e risate intorno al tavolo.

Alla fine, Maria si chinò verso Giulia e le sussurrò l'ingrediente segreto: un pizzico di zucchero e una goccia di un liquore speciale prodotto dal nonno molti anni prima. "Questo è il tocco finale," disse con un sorriso. "Ma ricorda, è un segreto."

Con la ricetta finalmente nelle sue mani, Giulia si sentiva parte di una storia più grande. Prometté di custodirla con cura e di tramandarla un giorno a chi avrebbe portato avanti la tradizione. Quella sera, la famiglia si riunì per festeggiare il compleanno di Giulia e assaggiare la salsa che lei stessa aveva preparato. Le loro espressioni di approvazione e gioia furono il regalo più bello che potesse ricevere.

Mentre la serata volgeva al termine, Giulia guardò il quaderno di pelle sulla mensola della cucina e sorrise. Ora non era solo la custode di una ricetta: era la custode di un legame, un sapore e un amore che univano la sua famiglia attraverso le generazioni.

Nei giorni successivi, Giulia iniziò a sperimentare con la ricetta. Anche se aveva imparato ogni dettaglio dalla nonna, sentiva il desiderio di aggiungere un tocco personale, qualcosa che rendesse la "Salsa della Nonna" un po' sua. Consultò i suoi appunti e si chiese se l'aggiunta di un'erba aromatica o una piccola variazione potesse migliorare la ricetta senza tradirne l'essenza.

Un pomeriggio, mentre passeggiava per il mercato locale, Giulia notò un banco di spezie. Fu attratta da un fascio di rosmarino fresco, il cui profumo la riportò ai giorni trascorsi con suo nonno nell'orto di famiglia. Decise di acquistarlo e di provarlo come nuova aggiunta alla salsa.

"It's not just a recipe," Maria explained. "It's the story of our family. When you prepare it, you must do so with your heart; otherwise, the flavor will never be quite right."

Giulia spent the afternoon with her grandmother, learning every detail. The sauce required simple yet high-quality ingredients: ripe tomatoes, fresh basil, homemade olive oil, and a secret ingredient that Maria didn't reveal immediately. As the sauce began to simmer, the aroma filled the kitchen, bringing back childhood memories of Sunday lunches and laughter around the table.

Finally, Maria leaned toward Giulia and whispered the secret ingredient: a pinch of sugar and a drop of a special liqueur made by her grandfather many years ago. "This is the finishing touch," she said with a smile. "But remember, it's a secret."

With the recipe now in her hands, Giulia felt part of a larger story. She promised to safeguard it and pass it on one day to someone who would carry on the tradition. That evening, the family gathered to celebrate Giulia's birthday and taste the sauce she had prepared herself. Their expressions of approval and joy were the most beautiful gift she could receive.

As the evening came to an end, Giulia glanced at the leather notebook on the kitchen shelf and smiled. She was now more than the keeper of a recipe: she was the guardian of a connection, a flavor, and a love that united her family across generations.

In the days that followed, Giulia began experimenting with the recipe. Even though she had learned every detail from her grandmother, she felt the desire to add a personal touch, something that would make "Grandmother's Sauce" uniquely hers. She consulted her notes and wondered if adding an aromatic herb or making a small variation could enhance the recipe without betraying its essence.

One afternoon, while strolling through the local market, Giulia noticed a spice stall. She was drawn to a bundle of fresh rosemary, its fragrance transporting her back to days spent with her grandfather in the family garden. She decided to buy it and try it as a new addition to the sauce.

Tornata a casa, iniziò a preparare un nuovo lotto, seguendo meticolosamente ogni passaggio della ricetta tradizionale e aggiungendo alla fine una piccola quantità di rosmarino tritato finemente.

Quando la salsa fu pronta, invitò la sua famiglia a provarla. Seduti intorno al tavolo, tutti presero un cucchiaio e assaggiarono in silenzio. Per un momento, Giulia temette di aver sbagliato qualcosa, ma poi sua madre sorrise e disse: "È meravigliosa. Ha ancora il sapore della nostra tradizione, ma con una nota unica."

La nonna Maria, dopo aver assaggiato un cucchiaio, annuì con orgoglio. "Hai rispettato la ricetta, ma hai anche trovato il tuo modo di onorarla. Questo è esattamente ciò che significa portare avanti una tradizione."

Giulia si sentì sollevata e felice. Capì che la tradizione non era un vincolo rigido, ma un modo per mantenere vivi i legami e adattarli ai tempi. Da quel giorno, il rosmarino divenne parte integrante della "Salsa della Nonna," una piccola aggiunta che rappresentava la nuova generazione e la volontà di innovare senza dimenticare le proprie radici.

Vocabulary List

1. **Ricetta segreta** - Secret recipe

2. **Salsa della Nonna** - Grandmother's Sauce

3. **Quaderno di pelle** - Leather notebook

4. **Ingrediente segreto** - Secret ingredient

5. **Liquore speciale** - Special liqueur

6. **Basilico fresco** - Fresh basil

7. **Rosmarino** - Rosemary

8. **Aggiunta personale** - Personal touch

9. **Tradizione familiare** - Family tradition

Back home, Giulia began preparing a new batch, meticulously following every step of the traditional recipe and adding, at the end, a small amount of finely chopped rosemary.

When the sauce was ready, she invited her family to taste it. Sitting around the table, everyone took a spoonful and tasted in silence. For a moment, Giulia feared she had done something wrong, but then her mother smiled and said, "It's wonderful. It still tastes like our tradition, but with a unique note."

Grandmother Maria, after taking a spoonful, nodded with pride. "You respected the recipe, but you also found your own way to honor it. That is exactly what it means to carry on a tradition."

Giulia felt relieved and happy. She realized that tradition wasn't a rigid constraint but a way to keep bonds alive and adapt them to the times. From that day on, rosemary became an integral part of "Grandmother's Sauce," a small addition that represented the new generation and the willingness to innovate without forgetting one's roots.

---

10. Cucina di famiglia - Family kitchen

Questions

1. Cosa rappresenta la "Salsa della Nonna" per la famiglia di Giulia?

o   a) Un piatto popolare della cittadina

o   b) Un legame tra le generazioni della famiglia

o   c) Una ricetta inventata di recente

o   d) Una tradizione da condividere con estranei

o   e) Un modo per guadagnare fama

2. Qual è il tocco finale rivelato da nonna Maria?

o   a) Un'erba aromatica speciale

o   b) Un pizzico di zucchero e un liquore speciale

o   c) Una spezia rara importata

o   d) Un frutto esotico tritato

o   e) Un goccio di vino rosso

3. Perché Giulia decide di aggiungere il rosmarino alla ricetta?

o   a) Per onorare un ricordo legato al nonno

o   b) Per rendere la salsa più saporita

o   c) Per sostituire un ingrediente mancante

o   d) Per differenziarsi dalla nonna

o   e) Per curiosità culinaria

4. Come reagisce la famiglia alla nuova versione della salsa di Giulia?

o   a) Con disappunto per la modifica della tradizione

o   b) Con entusiasmo per il suo gusto unico

o   c) Con indifferenza

o   d) Con dubbi sulla scelta del rosmarino

o   e) Con sorpresa negativa

5. Cosa decide di fare Giulia con la ricetta alla fine?

o a) Scriverla in un libro di cucina

o b) Custodirla e trasmetterla con il suo tocco personale

o c) Condividerla con un ristorante locale

o d) Cambiarla completamente

o e) Tenerla segreta solo per sé

Lo Sconosciuto sul Lago di Como

Riassunto

Lorenzo, in cerca di tranquillità, si reca al Lago di Como dove incontra Elena, un'artista che cerca ispirazione. I due si connettono attraverso conversazioni, esplorazioni e l'amore per l'arte e la natura. Nei giorni successivi, costruiscono un legame autentico che arricchisce le loro vite. Lorenzo scopre un nuovo modo di vedere il mondo, mentre Elena trova conforto nella loro compagnia reciproca.

Lorenzo non era solito lasciare Milano nei fine settimana, ma qualcosa lo spinse a fare un'eccezione. Sentiva il bisogno di aria fresca, di allontanarsi dal caos cittadino e ritrovare un po' di pace. Decise quindi di prendere un treno per il Lago di Como, una destinazione che evocava sempre immagini di serenità e bellezza.

Arrivato a Como, Lorenzo noleggiò una piccola barca e si diresse verso uno dei punti meno frequentati del lago, una baia tranquilla circondata da alberi e montagne. Lì, il silenzio era interrotto solo dal leggero sciabordio dell'acqua contro lo scafo e dal canto degli uccelli.

Mentre leggeva un libro sotto il sole, una figura attirò la sua attenzione. Una donna con un cappello di paglia e un abito leggero passeggiava lungo la riva. Aveva un'aria misteriosa, e Lorenzo non poté fare a meno di notare che portava con sé un taccuino, che di tanto in tanto apriva per scrivere o disegnare.

La curiosità ebbe la meglio. Dopo aver osservato per un po', Lorenzo decise di remare verso la riva. Non voleva sembrare invadente, ma qualcosa in quella donna lo intrigava. Quando si avvicinò, lei lo notò e gli sorrise con gentilezza.

The Stranger at Lake Como

Summary

Lorenzo, seeking peace, visits Lake Como and meets Elena, an artist searching for inspiration. They connect through conversations, explorations, and a shared love of art and nature. Over the next few days, they build an authentic bond that enriches their lives. Lorenzo discovers a new perspective on life, while Elena finds solace in their mutual companionship.

Lorenzo rarely left Milan on weekends, but something compelled him to make an exception. He felt the need for fresh air, to escape the chaos of the city and find some peace. He decided to take a train to Lake Como, a destination that always evoked images of serenity and beauty.

Upon arriving in Como, Lorenzo rented a small boat and headed toward one of the lake's quieter spots, a tranquil bay surrounded by trees and mountains. There, the silence was broken only by the gentle lapping of water against the hull and the singing of birds.

While reading a book under the sun, a figure caught his attention. A woman wearing a straw hat and a light dress was walking along the shore. She had an air of mystery, and Lorenzo couldn't help but notice that she carried a notebook, which she occasionally opened to write or draw.

Curiosity got the better of him. After observing for a while, Lorenzo decided to row toward the shore. He didn't want to seem intrusive, but something about the woman intrigued him. As he approached, she noticed him and smiled kindly.

"Scusi se disturbo," disse Lorenzo, cercando di non sembrare troppo impacciato. "Non ho potuto fare a meno di notare il suo taccuino. Scrive o disegna?"

La donna rise leggermente. "Un po' di entrambe le cose. Mi piace catturare i momenti, le immagini e le sensazioni. E lei? Un amante della natura o solo di passaggio?"

Lorenzo spiegò che era venuto al lago per cercare un po' di tranquillità. Parlarono per un po', scoprendo di avere in comune l'amore per i libri, l'arte e la bellezza dei paesaggi italiani. Lei si chiamava Elena ed era un'artista in cerca di ispirazione per una nuova serie di dipinti dedicati ai laghi del nord Italia.

Dopo un'oretta, Elena invitò Lorenzo a sedersi con lei sulla riva. Tirò fuori il taccuino e mostrò alcuni dei suoi schizzi: paesaggi del lago, fiori e perfino un ritratto incompleto che, a sua sorpresa, sembrava raffigurare proprio Lorenzo. "Ti ho visto da lontano e ho pensato che sarebbe stato interessante catturare la tua concentrazione mentre leggevi," spiegò con un sorriso.

Lorenzo fu lusingato, ma anche un po' confuso. Non era abituato a essere oggetto di attenzione artistica. Tuttavia, sentiva che c'era qualcosa di speciale in Elena, un'energia che lo metteva a suo agio.

Quando il sole iniziò a calare, Lorenzo ed Elena decisero di cenare insieme in un piccolo ristorante vicino alla riva. La conversazione fluiva naturalmente, e per la prima volta da molto tempo, Lorenzo si sentiva davvero presente nel momento. Quel giorno al Lago di Como aveva portato qualcosa di inaspettato: una connessione autentica.

Nei giorni seguenti, Lorenzo ed Elena continuarono a vedersi. Ogni mattina, si incontravano nello stesso punto della baia, con una nuova scusa per trascorrere del tempo insieme. A volte camminavano lungo i sentieri che si snodavano tra i boschi, altre volte prendevano la barca di Lorenzo per esplorare le insenature nascoste del lago. Ogni momento passato con lei rivelava un nuovo aspetto della sua personalità: Elena era curiosa, spiritosa e profondamente appassionata del suo lavoro.

"Excuse me if I'm interrupting," Lorenzo said, trying not to sound too awkward. "I couldn't help but notice your notebook. Do you write or draw?"

The woman chuckled softly. "A bit of both. I like to capture moments, images, and feelings. And you? A nature lover or just passing through?"

Lorenzo explained that he had come to the lake to find some peace. They talked for a while, discovering a shared love for books, art, and the beauty of Italian landscapes. Her name was Elena, and she was an artist seeking inspiration for a new series of paintings dedicated to the lakes of northern Italy.

After about an hour, Elena invited Lorenzo to sit with her on the shore. She pulled out her notebook and showed him some of her sketches: lake landscapes, flowers, and even an incomplete portrait that, to his surprise, seemed to depict Lorenzo himself. "I saw you from a distance and thought it would be interesting to capture your focus while reading," she explained with a smile.

Lorenzo felt flattered but also slightly confused. He wasn't used to being the subject of artistic attention. However, he sensed there was something special about Elena—an energy that made him feel at ease.

As the sun began to set, Lorenzo and Elena decided to have dinner together at a small restaurant near the shore. The conversation flowed naturally, and for the first time in a long while, Lorenzo felt truly present in the moment. That day at Lake Como had brought something unexpected: an authentic connection.

In the days that followed, Lorenzo and Elena continued to see each other. Every morning, they met at the same spot by the bay, always finding a new excuse to spend time together. Sometimes they walked along the trails winding through the woods; other times, they took Lorenzo's boat to explore the hidden coves of the lake. Every moment with her revealed a new facet of her personality: Elena was curious, witty, and deeply passionate about her work.

Una mattina, mentre navigavano verso un piccolo villaggio sul lato opposto del lago, Elena raccontò a Lorenzo del motivo che l'aveva portata a Como. "Sono qui per completare una serie di dipinti che rappresentano non solo il paesaggio, ma anche le emozioni che suscita. Per me, questo lago è molto più di un luogo. Rappresenta un rifugio, un luogo dove le persone possono ritrovarsi o reinventarsi."

Lorenzo annuì, sentendo che quelle parole risuonavano profondamente in lui. Anche lui aveva trovato al lago qualcosa che gli mancava: una calma interiore e, sorprendentemente, una compagnia che lo faceva sentire vivo.

Quel pomeriggio, raggiunsero il villaggio e visitarono una piccola galleria d'arte. Elena mostrò a Lorenzo alcune opere di artisti locali che trovava ispiranti. "Ogni pennellata racconta una storia," spiegò. Lorenzo, che non aveva mai prestato molta attenzione all'arte, iniziò a vedere i dipinti con occhi nuovi, grazie alla passione di Elena.

Mentre tornavano verso la baia, il cielo si colorava di rosa e arancione, riflettendosi sull'acqua calma del lago. Elena, seduta a prua della barca, guardava il panorama con un sorriso sereno. Lorenzo non poté fare a meno di pensare che quel momento era perfetto nella sua semplicità.

Arrivati alla riva, Elena si fermò prima di salutare Lorenzo. "Grazie per questi giorni," disse. "Mi hai ricordato quanto possa essere bello condividere il proprio viaggio con qualcuno." Lorenzo sorrise, sentendo che quelle parole catturavano esattamente ciò che provava anche lui. Non sapeva cosa riservasse il futuro, ma una cosa era certa: il Lago di Como non sarebbe mai più stato solo un luogo per lui.

Vocabulary List

1. **Baia** - Bay

2. **Taccuino** - Notebook

3. **Scafo** - Hull (of a boat)

4. **Schizzi** - Sketches

One morning, while they were sailing toward a small village on the opposite side of the lake, Elena shared with Lorenzo the reason she had come to Como. "I'm here to complete a series of paintings that capture not only the landscape but also the emotions it evokes. For me, this lake is much more than a place. It represents a refuge, a space where people can rediscover or reinvent themselves."

Lorenzo nodded, feeling those words deeply resonate within him. He, too, had found something at the lake that he had been missing: an inner calm and, unexpectedly, a companionship that made him feel alive.

That afternoon, they reached the village and visited a small art gallery. Elena showed Lorenzo works by local artists that she found inspiring. "Every brushstroke tells a story," she explained. Lorenzo, who had never paid much attention to art, began to see the paintings through new eyes, thanks to Elena's passion.

As they returned to the bay, the sky turned shades of pink and orange, reflecting on the lake's calm waters. Elena, sitting at the bow of the boat, gazed at the view with a serene smile. Lorenzo couldn't help but think that the moment was perfect in its simplicity.

When they reached the shore, Elena paused before saying goodbye to Lorenzo. "Thank you for these days," she said. "You've reminded me how beautiful it can be to share your journey with someone." Lorenzo smiled, feeling that her words captured exactly what he felt too. He didn't know what the future held, but one thing was certain: Lake Como would never again be just a place to him.

---

5. **Rifugio** - Refuge

6. **Prua** - Bow (of a boat)

7. **Galleria d'arte** - Art gallery

8. **Insenature** - Inlets

9. **Pennellata** - Brushstroke

10. **Connessione autentica** - Authentic connection

11. Panorama - Landscape

12. Reinventarsi - Reinvent oneself

Questions

1. Perché Lorenzo visita il Lago di Como?

o   a) Per incontrare un amico

o   b) Per cercare tranquillità lontano dalla città

o   c) Per completare un progetto lavorativo

o   d) Per partecipare a un evento culturale

o   e) Per studiare la fauna locale

2. Cosa fa Elena durante le sue passeggiate lungo la riva del lago?

o   a) Fotografa il paesaggio

o   b) Scrive e disegna nel suo taccuino

o   c) Dipinge direttamente all'aperto

o   d) Raccoglie fiori per ispirazione

o   e) Legge poesie sulla natura

3. Come si sviluppa il legame tra Lorenzo ed Elena?

o   a) Attraverso discussioni sulla natura e l'arte

o   b) Lavorando insieme a un progetto

o   c) Condividendo interessi culinari

o   d) Esplorando città storiche vicine

o   e) Partecipando a una regata locale

4. Cosa ispira maggiormente Elena nei suoi dipinti?

o   a) I colori del tramonto

o   b) Le emozioni suscitate dal paesaggio

o   c) Le tradizioni locali

o   d) La vita marina del lago

o   e) Le leggende sul Lago di Como

5. Come si sente Lorenzo alla fine della storia?

o   a) Incerto sul futuro, ma arricchito dall'esperienza

o   b) Deluso per non aver continuato il viaggio

o   c) Indifferente all'incontro con Elena

o   d) Motivato a cambiare carriera

o   e) Determinato a tornare al lago regolarmente

Una Notte all'Opera

Riassunto

Sofia realizza il suo sogno di assistere a un'opera al Teatro alla Scala. Durante l'intervallo, incontra Marco, un appassionato di musica, e condividono una connessione speciale parlando delle loro vite e passioni. La serata si conclude con un caffè e una conversazione che rafforza il legame tra di loro, rendendo l'esperienza ancora più memorabile.

Sofia aveva sognato a lungo di assistere a una rappresentazione al Teatro alla Scala di Milano. Fin da bambina, ascoltava le storie di sua madre su quel luogo magico, dove le voci degli artisti sembravano toccare l'anima e l'atmosfera era intrisa di eleganza. Finalmente, quella sera il sogno sarebbe diventato realtà.

Indossando un abito da sera blu notte e con i capelli raccolti in un'acconciatura semplice ma raffinata, Sofia arrivò davanti all'imponente facciata del teatro. Le luci dorate illuminavano la piazza, e una leggera brezza serale aggiungeva un tocco di romanticismo all'atmosfera. Il biglietto che teneva in mano era il frutto di mesi di risparmi e di pianificazione, e il suo cuore batteva forte mentre attraversava l'ingresso.

All'interno, il teatro era ancora più maestoso di quanto avesse immaginato. I lampadari scintillanti, i velluti rossi e le decorazioni dorate creavano un ambiente quasi surreale. Sofia prese posto nella sua poltrona, al centro della platea, con una vista perfetta sul palco. Intorno a lei, gli spettatori chiacchieravano sottovoce, scambiandosi sorrisi e aspettative per la serata.

A Night at the Opera

Summary

Sofia fulfills her dream of attending an opera at Teatro alla Scala. During the intermission, she meets Marco, a music enthusiast, and they share a special connection discussing their lives and passions. The evening ends with coffee and a deepening bond, making the experience even more unforgettable.

Sofia had long dreamed of attending a performance at Milan's Teatro alla Scala. Since childhood, she had listened to her mother's stories about that magical place where the voices of the artists seemed to touch the soul, and the atmosphere was imbued with elegance. Finally, that evening, her dream would come true.

Wearing a midnight blue evening gown and her hair styled in a simple yet refined updo, Sofia arrived in front of the imposing facade of the theater. Golden lights illuminated the square, and a light evening breeze added a touch of romance to the atmosphere. The ticket in her hand was the result of months of saving and planning, and her heart pounded as she crossed the threshold.

Inside, the theater was even more majestic than she had imagined. The glittering chandeliers, red velvet drapes, and golden decorations created an almost surreal setting. Sofia took her seat in the center of the stalls, with a perfect view of the stage. Around her, the audience whispered softly, exchanging smiles and sharing their anticipation for the evening ahead.

Quando le luci si abbassarono, un silenzio rispettoso avvolse la sala. L'orchestra iniziò a suonare le prime note dell'overture, e Sofia sentì un brivido correre lungo la schiena. L'opera in programma era "La Traviata" di Giuseppe Verdi, una delle sue preferite. Conosceva ogni aria, ogni melodia, ma vivere l'esperienza dal vivo era qualcosa di completamente diverso.

Mentre la storia si dipanava sul palco, Sofia era completamente assorbita dalle emozioni trasmesse dai cantanti e dall'orchestra. La voce della protagonista, una soprano di fama mondiale, riempiva la sala con una potenza e una delicatezza che sembravano impossibili. Gli applausi esplosivi alla fine di ogni atto riflettevano l'entusiasmo del pubblico.

Durante l'intervallo, Sofia si alzò per sgranchirsi le gambe e osservare l'elegante foyer del teatro. Notò un uomo seduto vicino a una finestra, con lo sguardo rivolto verso la piazza sottostante. Aveva un aspetto distinto, con un completo nero e una cravatta di seta. Quando i loro sguardi si incrociarono, lui le sorrise e disse: "È la sua prima volta alla Scala?"

Sofia esitò per un istante, poi rispose con un sorriso: "Sì, è un sogno che si avvera. E lei?"

"Non è la prima volta, ma ogni visita è speciale," disse lui. "Sono Marco, un grande appassionato d'opera. Posso chiederle cosa l'ha portata qui questa sera?"

Sofia spiegò brevemente il suo legame sentimentale con il teatro, raccontando di sua madre e delle storie che l'avevano ispirata fin da bambina. Marco sembrava affascinato dalle sue parole. "L'opera ha un modo unico di collegare le persone ai loro ricordi e alle loro emozioni più profonde," commentò.

Quando l'intervallo finì, Marco e Sofia tornarono ai loro rispettivi posti, ma lei non poteva fare a meno di pensare a quella conversazione. Il secondo atto era iniziato, ma nella mente di Sofia c'era ancora l'eco delle parole di Marco. Tuttavia, la magia della musica la riportò presto alla storia sul palco, immergendola nuovamente nelle vicende di Violetta e Alfredo.

When the lights dimmed, a respectful silence enveloped the hall. The orchestra began playing the first notes of the overture, and Sofia felt a shiver run down her spine. The opera on the program was La Traviata by Giuseppe Verdi, one of her favorites. She knew every aria, every melody, but experiencing it live was something entirely different.

As the story unfolded on stage, Sofia was completely absorbed by the emotions conveyed by the singers and the orchestra. The voice of the protagonist, a world-renowned soprano, filled the room with a power and delicacy that seemed almost impossible. The explosive applause at the end of each act reflected the audience's enthusiasm.

During the intermission, Sofia stood to stretch her legs and took in the elegant foyer of the theater. She noticed a man seated by a window, gazing out at the square below. He had a distinguished air, dressed in a black suit with a silk tie. When their eyes met, he smiled and asked, "Is this your first time at La Scala?"

Sofia hesitated for a moment, then replied with a smile, "Yes, it's a dream come true. And you?"

"It's not my first time, but every visit is special," he said. "I'm Marco, a great opera enthusiast. May I ask what brought you here tonight?"

Sofia briefly explained her emotional connection to the theater, recounting her mother's stories that had inspired her since childhood. Marco seemed captivated by her words. "Opera has a unique way of connecting people to their memories and deepest emotions," he commented.

When the intermission ended, Marco and Sofia returned to their respective seats, but she couldn't stop thinking about their conversation. The second act had started, but Marco's words still echoed in her mind. However, the magic of the music soon drew her back into the story on stage, immersing her once again in the tale of Violetta and Alfredo.

Alla fine dell'opera, il pubblico esplose in un applauso fragoroso. Il cast si inchinò ripetutamente mentre fiori venivano lanciati sul palco. Sofia si unì agli applausi, sentendo una gratitudine profonda per quella serata indimenticabile. Mentre usciva dal teatro, notò Marco che l'aspettava vicino all'uscita.

"Le è piaciuta l'opera?" chiese lui, con un sorriso sincero.

"È stata meravigliosa, molto più di quanto avessi immaginato," rispose Sofia. Marco le propose di prendere un caffè in un bar vicino per continuare la loro conversazione. Lei accettò, felice di prolungare quella serata speciale.

Seduti in un angolo tranquillo del bar, Marco raccontò di come l'opera avesse avuto un ruolo importante nella sua vita. Era un musicologo e spesso viaggiava per assistere a rappresentazioni nei teatri più celebri d'Europa. Sofia, a sua volta, condivise i suoi sogni e il suo amore per l'arte.

Quando la serata si concluse, Sofia si rese conto che non solo aveva vissuto il suo sogno di assistere a un'opera alla Scala, ma aveva anche incontrato una persona con cui condividerlo. Mentre tornava a casa, il ricordo di quella notte rimase impresso nella sua mente: la musica, il teatro e una nuova connessione che prometteva di durare nel tempo.

Vocabulary List

1. **Teatro alla Scala** - La Scala Theater

2. **Abito da sera** - Evening gown

3. **Platea** - Stalls (seating area)

4. **Overture** - Musical introduction

5. **Soprano** - Soprano singer

6. **Foyer** - Theater lobby

7. **Intervallo** - Intermission

8. **Musicologo** - Musicologist

At the end of the opera, the audience erupted in thunderous applause. The cast bowed repeatedly as flowers were thrown onto the stage. Sofia joined in the applause, feeling a deep gratitude for that unforgettable evening. As she exited the theater, she noticed Marco waiting near the exit.

"Did you enjoy the opera?" he asked with a genuine smile.

"It was wonderful, far more than I had imagined," Sofia replied. Marco suggested grabbing a coffee at a nearby café to continue their conversation. She accepted, happy to extend such a special evening.

Seated in a quiet corner of the café, Marco shared how opera had played a significant role in his life. He was a musicologist and often traveled to attend performances at Europe's most renowned theaters. Sofia, in turn, shared her dreams and her love for the arts.

As the evening drew to a close, Sofia realized that not only had she fulfilled her dream of attending an opera at La Scala, but she had also met someone with whom she could share it. As she made her way home, the memory of that night stayed vivid in her mind: the music, the theater, and a new connection that promised to endure over time.

---

9. **Rappresentazione** - Performance

10. **Connessione autentica** - Genuine connection

11. **Cast** - Cast (of performers)

12. **Applauso fragoroso** - Thunderous applause

Questions

1. **Perché Sofia decide di andare alla Scala?**

o   a) Per lavoro

o   b) Per realizzare un sogno d'infanzia

o   c) Per accompagnare un'amica

o   d) Per seguire una lezione di musica

o   e) Per curiosità casuale

2. Qual è l'opera rappresentata durante la serata?

o   a) "La Traviata"

o   b) "Aida"

o   c) "Madama Butterfly"

o   d) "Il Barbiere di Siviglia"

o   e) "Tosca"

3. Chi è Marco?

o   a) Un musicista

o   b) Un musicologo appassionato d'opera

o   c) Un cantante dell'orchestra

o   d) Un critico teatrale

o   e) Un turista di passaggio

4. Cosa fa Marco dopo l'opera?

o   a) Va a casa subito

o   b) Partecipa a una festa con il cast

o   c) Invita Sofia a prendere un caffè

o   d) Propone di assistere a un'altra opera

o   e) Scrive un articolo sull'opera

5. Come si sente Sofia alla fine della serata?

o   a) Delusa dall'esperienza

o   b) Grata per aver realizzato il suo sogno e per aver incontrato Marco

o   c) Indifferente alla serata

o   d) Motivata a cambiare carriera

o   e) Stanca e annoiata

Un'estate in Sardegna

Riassunto

Livia trascorre un'estate indimenticabile in Sardegna, esplorando spiagge incontaminate, imparando le tradizioni locali e creando legami profondi con la comunità di Cala Serena. L'esperienza cambia il suo modo di vedere la vita, trasformando l'isola in una seconda casa e ispirandola a condividere la sua storia con gli altri.

Livia aveva sempre desiderato esplorare la Sardegna, un'isola che evocava immagini di spiagge incontaminate, acque cristalline e antiche tradizioni. Quell'estate, dopo anni di lavoro intenso, decise di prendersi una pausa e trascorrere un mese nella tranquillità di un piccolo villaggio costiero chiamato Cala Serena.

Appena scesa dal traghetto, Livia fu accolta da una brezza salmastra e dal suono delle onde che si infrangevano dolcemente sulla riva. Il villaggio, con le sue casette bianche e i balconi fioriti, sembrava uscito da un dipinto. Livia si sistemò in una piccola pensione gestita da una coppia locale, Marta e Pietro, che la accolsero con calore e le offrirono un bicchiere di mirto, il tradizionale liquore sardo.

La mattina seguente, decise di esplorare le spiagge circostanti. Con un ombrellone e un libro nello zaino, si incamminò lungo un sentiero che conduceva a Cala Luna, una baia famosa per la sua sabbia bianca e le sue grotte spettacolari. Il paesaggio era mozzafiato: il mare turchese scintillava sotto il sole, e le rocce calcaree si ergevano maestose contro il cielo azzurro.

Mentre si rilassava sulla spiaggia, Livia notò un gruppo di pescatori che rientrava con le reti piene.

A Summer in Sardinia

Summary

Livia spends an unforgettable summer in Sardinia, exploring pristine beaches, learning local traditions, and forming deep connections with the Cala Serena community. The experience transforms her perspective, making the island a second home and inspiring her to share her story with others.

Livia had always wanted to explore Sardinia, an island that evoked images of pristine beaches, crystal-clear waters, and ancient traditions. That summer, after years of intense work, she decided to take a break and spend a month in the tranquility of a small coastal village called Cala Serena.

As soon as she stepped off the ferry, Livia was greeted by a salty breeze and the sound of waves gently breaking on the shore. The village, with its white houses and flower-filled balconies, looked like something out of a painting. Livia settled into a small guesthouse run by a local couple, Marta and Pietro, who welcomed her warmly and offered her a glass of mirto, the traditional Sardinian liqueur.

The next morning, she decided to explore the nearby beaches. With a parasol and a book in her backpack, she set off along a path that led to Cala Luna, a bay famous for its white sand and spectacular caves. The landscape was breathtaking: the turquoise sea sparkled under the sun, and the limestone cliffs rose majestically against the blue sky.

While she relaxed on the beach, Livia noticed a group of fishermen returning with their nets full.

Decise di avvicinarsi e fu subito coinvolta in una conversazione con Antonio, un pescatore del luogo che le raccontò storie sulla vita in mare e sulle antiche tradizioni della pesca. Antonio la invitò a unirsi a loro la mattina seguente per vedere come preparavano le reti e sistemavano le barche. Entusiasta, Livia accettò.

Quella sera, Marta preparò una cena a base di specialità sarde: culurgiones, ravioli ripieni di patate e menta, e seadas, dolci fritti ripieni di formaggio e ricoperti di miele. Seduta sulla terrazza con vista sul mare, Livia si sentì profondamente grata per quell'esperienza autentica.

Il giorno dopo, si alzò all'alba per incontrare Antonio e gli altri pescatori. L'attività nel piccolo porto era frenetica ma affascinante: c'era un'energia vibrante mentre gli uomini cantavano vecchie melodie mentre lavoravano. Antonio le mostrò come riparare una rete, spiegandole che ogni nodo aveva un significato e che la pesca era più di un mestiere: era una forma d'arte tramandata di generazione in generazione.

Durante il pomeriggio, Livia decise di esplorare l'entroterra. Marta le consigliò di visitare un nuraghe, un'antica struttura in pietra risalente all'Età del Bronzo, situata a pochi chilometri dal villaggio. Arrivata al sito, Livia fu colpita dalla maestosità e dal mistero del luogo. Camminando tra le rovine, poteva quasi sentire le voci di chi aveva vissuto lì secoli prima.

Quella sera, tornata a Cala Serena, il villaggio era animato da una piccola festa locale. Le strade erano decorate con luci e bandiere, e la piazza principale ospitava musicisti e ballerini in abiti tradizionali. Livia fu invitata a unirsi alle danze e si ritrovò a ridere e ballare con persone che conosceva appena ma che la trattavano come una di loro.

Le settimane successive furono un susseguirsi di scoperte. Livia imparò a cucinare alcune ricette sarde da Marta, partecipò a un'escursione in barca per esplorare calette nascoste e trascorse serate sotto un cielo stellato, ascoltando le storie di Pietro sulla cultura e le leggende dell'isola.

She decided to approach them and was immediately drawn into a conversation with Antonio, a local fisherman who shared stories about life at sea and the ancient fishing traditions. Antonio invited her to join them the next morning to see how they prepared the nets and arranged the boats. Excited, Livia accepted.

That evening, Marta prepared a dinner featuring Sardinian specialties: culurgiones, ravioli stuffed with potatoes and mint, and seadas, fried pastries filled with cheese and drizzled with honey. Sitting on the terrace with a view of the sea, Livia felt deeply grateful for this authentic experience.

The next day, she woke up at dawn to meet Antonio and the other fishermen. The activity at the small harbor was hectic yet fascinating: there was a vibrant energy as the men sang old melodies while they worked. Antonio showed her how to repair a net, explaining that each knot had meaning and that fishing was more than a trade—it was an art form passed down through generations.

In the afternoon, Livia decided to explore the inland areas. Marta recommended visiting a nuraghe, an ancient stone structure dating back to the Bronze Age, located a few kilometers from the village. When Livia arrived at the site, she was struck by its majesty and mystery. Walking among the ruins, she could almost hear the voices of those who had lived there centuries before.

That evening, back in Cala Serena, the village was alive with a small local festival. The streets were adorned with lights and flags, and the main square hosted musicians and dancers in traditional costumes. Livia was invited to join the dances and found herself laughing and dancing with people she barely knew but who treated her like one of their own.

The following weeks were filled with discoveries. Livia learned to cook some Sardinian recipes from Marta, joined a boat excursion to explore hidden coves, and spent evenings under a starry sky, listening to Pietro's stories about the island's culture and legends.

Quando il mese volse al termine, Livia si rese conto che la Sardegna le aveva dato molto più di una semplice vacanza. Aveva scoperto un luogo dove il tempo sembrava rallentare, dove le tradizioni erano vive e dove le persone si prendevano cura l'una dell'altra. Partì con il cuore pieno di gratitudine e la promessa di tornare, sapendo che un pezzo della Sardegna sarebbe rimasto con lei per sempre.

Tornata alla sua routine in città, Livia non poteva smettere di pensare alla Sardegna. Ogni volta che cucinava i culurgiones o beveva un bicchiere di mirto, il ricordo delle giornate passate a Cala Serena le tornava vivido nella mente. Decise di condividere la sua esperienza con gli amici, organizzando una serata sarda nel suo appartamento. Preparò piatti tipici che aveva imparato da Marta e decorò la tavola con conchiglie raccolte durante le sue passeggiate.

La serata fu un successo. I suoi amici furono incantati dai sapori e dalle storie che Livia raccontava. "Devi scrivere un libro su questa esperienza," le suggerì Anna, una delle sue amiche più care. Livia rise, ma l'idea le rimase in mente.

Nei mesi seguenti, iniziò a scrivere un diario, raccontando ogni dettaglio del suo viaggio: dalle albe trascorse con i pescatori alle serate di festa, dai paesaggi mozzafiato agli incontri casuali con gli abitanti del villaggio. Scrivere le dava un senso di pace e le permetteva di rivivere quei momenti speciali.

Un giorno, ricevette una lettera da Marta. All'interno, c'era una fotografia della terrazza della pensione con una vista sul mare e un breve messaggio: "Cara Livia, la Sardegna ti aspetta sempre. Un abbraccio, Marta e Pietro." Quel gesto semplice ma affettuoso rafforzò la sua decisione di tornare.

Alla fine dell'anno, Livia organizzò un altro viaggio, questa volta portando con sé alcuni amici per condividere con loro la magia di Cala Serena. Durante quel secondo soggiorno, si rese conto che la Sardegna non era solo un luogo, ma uno stato d'animo, una connessione profonda con la natura, le tradizioni e le persone.

When the month came to an end, Livia realized that Sardinia had given her much more than just a vacation. She had discovered a place where time seemed to slow down, where traditions were alive, and where people cared for one another. She left with a heart full of gratitude and a promise to return, knowing that a piece of Sardinia would remain with her forever.

Back in her city routine, Livia couldn't stop thinking about Sardinia. Every time she cooked culurgiones or sipped a glass of mirto, memories of her days in Cala Serena came vividly to mind. She decided to share her experience with friends by organizing a Sardinian-themed evening in her apartment. She prepared typical dishes she had learned from Marta and decorated the table with shells she had collected during her walks.

The evening was a success. Her friends were enchanted by the flavors and the stories Livia shared. "You should write a book about this experience," suggested Anna, one of her closest friends. Livia laughed, but the idea lingered in her mind.

In the following months, she began writing a journal, recounting every detail of her journey: the sunrises spent with the fishermen, the festive evenings, the breathtaking landscapes, and the chance encounters with the villagers. Writing gave her a sense of peace and allowed her to relive those special moments.

One day, she received a letter from Marta. Inside was a photograph of the guesthouse terrace with a view of the sea and a short message: "Dear Livia, Sardinia is always waiting for you. A warm hug, Marta and Pietro." That simple but heartfelt gesture strengthened her resolve to return.

By the end of the year, Livia organized another trip, this time bringing along some friends to share the magic of Cala Serena with them. During that second stay, she realized that Sardinia was not just a place but a state of mind—a deep connection with nature, traditions, and people.

Seduta sulla terrazza di Marta e Pietro, con un bicchiere di mirto in mano, Livia guardava il sole tramontare sul mare. Sentiva che quel luogo non era più solo una destinazione per le vacanze, ma una seconda casa, un rifugio dove ogni volta poteva ritrovare sé stessa.

Vocabulary List

1. **Culurgiones** - Traditional Sardinian stuffed pasta

2. **Seadas** - Sardinian fried dessert with cheese and honey

3. **Mirto** - Traditional Sardinian liqueur

4. **Nuraghe** - Ancient stone structure from the Bronze Age

5. **Festa locale** - Local festival

6. **Calette nascoste** - Hidden coves

7. **Tradizioni locali** - Local traditions

8. **Porto** - Harbor

9. **Tavola decorata** - Decorated table

10. **Connessione profonda** - Deep connection

11. **Leggende** - Legends

12. **Terrazza** - Terrace

Questions

1. **Dove si trova Cala Serena?**

o a) In Sicilia

o b) In Liguria

o c) In Toscana

o d) In Sardegna

o e) In Calabria

2. **Cosa fa Livia durante il suo soggiorno a Cala Serena?**

o a) Partecipa a una conferenza sulla cultura sarda

Sitting on Marta and Pietro's terrace, with a glass of mirto in hand, Livia watched the sun set over the sea. She felt that this place was no longer just a vacation destination but a second home, a refuge where she could always rediscover herself.

o   b) Esplora spiagge e impara le tradizioni locali

o   c) Scrive un libro di ricette

o   d) Lavoro come guida turistica

o   e) Studia l'architettura dei nuraghi

3. Chi sono Marta e Pietro?

o   a) Proprietari di una pensione locale

o   b) Storici dell'isola

o   c) Musicisti di un gruppo tradizionale

o   d) Vicini di casa di Livia

o   e) Amici di lunga data di Livia

4. Cosa spinge Livia a organizzare una serata sarda per i suoi amici?

o   a) Vuole promuovere la Sardegna come meta turistica

o   b) Vuole condividere i sapori e le storie dell'isola

o   c) Vuole raccogliere fondi per la comunità locale

o   d) Vuole pubblicizzare un ristorante

o   e) Vuole testare nuove ricette sarde

5. Come si sente Livia alla fine della storia?

o   a) Triste di dover lasciare Cala Serena

o   b) Grata per l'esperienza e determinata a tornare

o   c) Indifferente rispetto al viaggio

o   d) Ansiosa di esplorare altre isole italiane

o   e) Decisa a trasferirsi definitivamente in Sardegna

L'eredità inaspettata

Riassunto

Beatrice eredita una villa da uno zio sconosciuto, Vittorio, e si immerge nella scoperta dei suoi segreti. Esplorando la villa, trova un diario, una stanza segreta e un medaglione con un messaggio enigmatico. Seguendo una mappa, scopre una cassa con lettere e oggetti personali che rivelano dettagli della vita di Vittorio e una lettera che la incoraggia a seguire la sua strada. La villa diventa il simbolo di una nuova vita.

Quando Beatrice ricevette una lettera da uno studio legale di Torino, non immaginava minimamente che avrebbe cambiato la sua vita. La donna, un'impiegata di trentacinque anni che viveva in un modesto appartamento a Milano, conduceva una vita tranquilla, scandita dal lavoro e da poche uscite con gli amici. La lettera menzionava un'eredità inaspettata lasciata da un parente lontano, un certo zio Vittorio, di cui non aveva mai sentito parlare.

Incuriosita, Beatrice prese un giorno di ferie e si recò a Torino per incontrare l'avvocato incaricato. L'ufficio, situato in un elegante palazzo del centro, aveva un'aria austera. L'avvocato, un uomo anziano con occhiali sottili e una voce pacata, le spiegò che suo zio Vittorio, un eccentrico antiquario, aveva lasciato a Beatrice una vecchia villa nelle campagne piemontesi. "Non abbiamo altri eredi," spiegò. "E lei è l'unica parente registrata."

Beatrice era incredula. Non sapeva nulla di zio Vittorio, ma la curiosità la spinse ad accettare l'invito a visitare la villa. L'avvocato le consegnò le chiavi e un indirizzo.

The Unexpected Inheritance

Summary

Beatrice inherits a villa from an unknown uncle, Vittorio, and uncovers its mysteries. Exploring the villa, she discovers a diary, a hidden room, and a medallion with an enigmatic message. Following a map, she unearths a chest with letters and personal items revealing Vittorio's life and a letter encouraging her to find her path. The villa becomes a symbol of her new life.

When Beatrice received a letter from a law firm in Turin, she had no idea it would change her life. A 35-year-old office worker living in a modest apartment in Milan, Beatrice led a quiet life, marked by work and the occasional outing with friends. The letter mentioned an unexpected inheritance left by a distant relative, a certain Uncle Vittorio, whom she had never heard of.

Intrigued, Beatrice took a day off work and traveled to Turin to meet the lawyer in charge. The office, located in an elegant building in the city center, had a stern atmosphere. The lawyer, an older man with thin glasses and a calm voice, explained that her uncle Vittorio, an eccentric antique dealer, had left Beatrice an old villa in the Piedmont countryside. "There are no other heirs," he explained. "You are the only registered relative."

Beatrice was incredulous. She knew nothing about Uncle Vittorio, but her curiosity drove her to accept the invitation to visit the villa. The lawyer handed her the keys and an address.

"La villa è in condizioni discrete, ma le consiglio di visitarla presto. Potrebbe trovare interessanti gli oggetti che contiene."

Il sabato successivo, Beatrice partì per le campagne piemontesi. La strada si snodava tra colline verdi e vigneti che sembravano non finire mai. Arrivata a destinazione, si trovò davanti a un grande cancello di ferro battuto, arrugginito ma ancora solido. Oltre il cancello, si intravedeva una villa elegante ma chiaramente segnata dal tempo, con persiane scrostate e rampicanti che abbracciavano le pareti.

Con un misto di apprensione ed eccitazione, Beatrice aprì il cancello e si avvicinò all'ingresso. La porta cigolò mentre la spingeva, rivelando un interno che sembrava uscito da un romanzo d'altri tempi. I pavimenti erano ricoperti di polvere, ma i mobili, gli arazzi e i lampadari suggerivano un passato di grande eleganza. Al centro del salone principale c'era un grande pianoforte a coda, coperto da un telo.

Mentre esplorava le stanze, Beatrice notò numerosi oggetti curiosi: una collezione di orologi antichi, quadri con cornici dorate, e una libreria piena di volumi rari. Ogni angolo della casa sembrava raccontare una storia. In una delle stanze al piano superiore, trovò un diario appartenuto a zio Vittorio. Le pagine erano piene di annotazioni, disegni e riflessioni sulla vita. Sembrava che fosse stato un uomo solitario ma profondamente appassionato della sua collezione.

Una nota in particolare attirò la sua attenzione: "La villa custodisce un segreto. Solo chi saprà ascoltare il silenzio lo scoprirà." Beatrice rimase colpita da quelle parole. Non era solo una casa: sembrava un luogo carico di mistero.

Decise di passare il resto del weekend nella villa per esplorare più a fondo. Accese un vecchio camino nel salone principale e si sistemò con il diario di Vittorio, leggendo ogni dettaglio. Ogni pagina aggiungeva nuovi pezzi al puzzle della vita di suo zio e della storia della villa.

La mattina seguente, mentre esplorava il seminterrato, Beatrice trovò una porta nascosta dietro alcune casse. La porta era chiusa con un lucchetto antico, ma le chiavi che l'avvocato le aveva dato includevano una chiave piccola e intricata. La inserì nella serratura e, con un clic, la porta si aprì, rivelando una stanza segreta.

"The villa is in decent condition, but I suggest you visit it soon. You might find the objects inside quite interesting."

The following Saturday, Beatrice set off for the Piedmont countryside. The road wound through green hills and seemingly endless vineyards. Upon arrival, she was met by a large wrought-iron gate, rusted but still sturdy. Beyond the gate, an elegant yet weathered villa came into view, with peeling shutters and climbing plants embracing its walls.

With a mix of apprehension and excitement, Beatrice opened the gate and approached the entrance. The door creaked as she pushed it open, revealing an interior straight out of a bygone era. The floors were covered in dust, but the furniture, tapestries, and chandeliers hinted at a past marked by great elegance. In the center of the main hall stood a grand piano, draped with a sheet.

As she explored the rooms, Beatrice noticed many curious objects: a collection of antique clocks, paintings in gilded frames, and a library filled with rare volumes. Every corner of the house seemed to tell a story. In one of the upstairs rooms, she found a journal that had belonged to Uncle Vittorio. Its pages were filled with notes, drawings, and reflections on life. It seemed he had been a solitary man but deeply passionate about his collection.

One note particularly caught her attention: "The villa holds a secret. Only those who know how to listen to the silence will discover it." Beatrice was struck by those words. This was not just a house; it seemed to be a place brimming with mystery.

She decided to spend the rest of the weekend at the villa to explore further. She lit an old fireplace in the main hall and settled down with Vittorio's journal, reading every detail. Each page added new pieces to the puzzle of her uncle's life and the villa's history.

The next morning, while exploring the basement, Beatrice found a hidden door behind some crates. The door was secured with an old padlock, but among the keys the lawyer had given her was a small, intricate one. She inserted it into the lock, and with a click, the door opened, revealing a secret room.

La stanza era piena di oggetti ancora più straordinari: una mappa antica appesa al muro, un baule pieno di documenti e lettere, e al centro, un globo terrestre che sembrava avere qualcosa di insolito. Beatrice si avvicinò al globo e notò che poteva essere aperto. All'interno, trovò un piccolo scrigno con un sigillo in cera.

Con mani tremanti, aprì lo scrigno e trovò un gioiello straordinario: un medaglione decorato con pietre preziose e un messaggio inciso all'interno. Il messaggio diceva: "Per chi conosce il valore della curiosità e della scoperta." Beatrice sentì un misto di meraviglia e responsabilità. Non sapeva ancora cosa significasse tutto questo, ma sapeva che la sua vita era appena cambiata per sempre.

Beatrice trascorse i giorni seguenti immersa nella scoperta della villa e dei suoi segreti. Ogni stanza nascondeva un nuovo indizio, e ogni oggetto raccontava una parte della storia di zio Vittorio. Con il medaglione sempre con sé, sentiva che la sua eredità era più di un semplice lascito materiale: era un invito a esplorare, a scoprire e a connettersi con un passato ricco di mistero e significato.

Durante una sera particolarmente silenziosa, seduta accanto al camino, Beatrice aprì nuovamente il diario. Una pagina che non aveva notato prima sembrava contenere istruzioni per decifrare la mappa trovata nella stanza segreta. Seguendo le indicazioni, si rese conto che la mappa indicava un punto preciso nei terreni dietro la villa.

Il giorno dopo, armata di torcia e di una pala presa dal capanno degli attrezzi, si avventurò nel giardino. Il luogo segnato dalla mappa era vicino a un vecchio albero di quercia, le cui radici sembravano abbracciare qualcosa di nascosto. Con pazienza, Beatrice iniziò a scavare e, dopo qualche minuto, trovò una cassa di legno.

All'interno della cassa c'erano lettere, fotografie e oggetti personali di Vittorio, ognuno dei quali rivelava dettagli intimi della sua vita. Tra questi, trovò una lettera indirizzata a lei. "Cara Beatrice," iniziava, "ho sempre saputo che saresti stata tu a scoprire tutto questo. La curiosità e il coraggio sono doti rare, e tu le possiedi entrambe. Questa villa e i suoi tesori sono ora nelle tue mani. Usali per ispirarti e per trovare la tua strada."

The room was filled with even more extraordinary items: an ancient map hanging on the wall, a trunk full of documents and letters, and at the center, a globe that seemed to hold something unusual. Beatrice approached the globe and noticed it could be opened. Inside, she found a small chest sealed with wax.

With trembling hands, she opened the chest and uncovered a remarkable jewel: a medallion adorned with precious stones and an inscription inside. The message read: "For those who understand the value of curiosity and discovery." Beatrice felt a mix of wonder and responsibility. She didn't yet know what it all meant, but she was certain her life had just been forever changed.

In the days that followed, Beatrice immersed herself in uncovering the villa's secrets. Every room held a new clue, and every object told a part of Uncle Vittorio's story. With the medallion always by her side, she realized her inheritance was more than just a material bequest: it was an invitation to explore, to discover, and to connect with a past rich in mystery and meaning.

One particularly quiet evening, sitting by the fireplace, Beatrice reopened the journal. A page she hadn't noticed before seemed to contain instructions for deciphering the map found in the secret room. Following the directions, she realized the map pointed to a specific spot on the grounds behind the villa.

The next day, equipped with a flashlight and a shovel borrowed from the tool shed, she ventured into the garden. The location marked on the map was near an old oak tree, whose roots seemed to embrace something hidden beneath. Patiently, Beatrice began to dig, and after a few minutes, she unearthed a wooden chest.

Inside the chest were letters, photographs, and Vittorio's personal belongings, each revealing intimate details of his life. Among these, she found a letter addressed to her. "Dear Beatrice," it began, "I always knew you would be the one to discover all of this. Curiosity and courage are rare qualities, and you possess both. This villa and its treasures are now in your hands. Use them to inspire yourself and to find your path."

Leggendo quelle parole, Beatrice si sentì sopraffatta dall'emozione. Non solo aveva ereditato una casa, ma anche un legame profondo con una persona che, pur non avendola mai conosciuta di persona, sembrava averla compresa nel profondo. Da quel momento, Beatrice seppe che la villa sarebbe diventata il fulcro della sua nuova vita.

Vocabulary List

1. **Eredità** - Inheritance
2. **Villa** - Villa (country house)
3. **Antiquario** - Antique dealer
4. **Lucchetto** - Padlock
5. **Seminterrato** - Basement
6. **Mappa antica** - Ancient map
7. **Diario** - Diary
8. **Medaglione** - Medallion
9. **Cassa di legno** - Wooden chest
10. **Sigillo in cera** - Wax seal
11. **Radici** - Roots
12. **Lettera** - Letter

Questions

1. **Chi era zio Vittorio?**
o   a) Un avvocato
o   b) Un musicista famoso
o   c) Un collezionista di arte moderna
o   d) Un antiquario eccentrico
o   e) Un professore universitario
2. **Cosa trova Beatrice nella stanza segreta?**
o   a) Un tesoro di monete antiche

Reading those words, Beatrice felt overwhelmed with emotion. She had not only inherited a house but also a deep connection with someone who, despite never having met her in person, seemed to have understood her profoundly. From that moment, Beatrice knew that the villa would become the center of her new life.

---

o   b) Una mappa, documenti e un medaglione

o   c) Un dipinto di famiglia

o   d) Un manoscritto incompiuto

o   e) Un passaggio verso un'altra villa

3. Qual è il messaggio inciso nel medaglione?

o   a) "Per chi conosce il valore della curiosità e della scoperta."

o   b) "La famiglia è il tesoro più grande."

o   c) "Segui il tuo cuore e troverai la verità."

o   d) "Questa villa custodisce segreti."

o   e) "Solo il coraggio rivelerà il cammino."

4. Cosa scopre Beatrice nel giardino della villa?

o   a) Un passaggio segreto

o   b) Una cassa con lettere, fotografie e una lettera di Vittorio

o   c) Una chiave per un'altra stanza segreta

o   d) Un monumento dedicato alla famiglia

o   e) Un pozzo nascosto

5. Cosa decide Beatrice alla fine della storia?

o   a) Vendere la villa

o   b) Trasformarla in un museo

o   c) Renderla il centro della sua nuova vita

o   d) Donare gli oggetti ritrovati a un'istituzione culturale

o   e) Usarla come casa vacanze per amici e parenti

L'ultimo viaggio: trovare casa

Riassunto

Luca, insoddisfatto della sua vita itinerante, torna al suo paese natale in cerca di pace. Scopre una mappa del nonno che lo conduce a un rifugio e a riflessioni sulla vita. Restora la casa di famiglia, si connette con la comunità e incontra Anna, con cui trasforma il rifugio in uno spazio per viaggiatori. Alla fine, trova appartenenza e amore, sentendosi finalmente a casa.

Luca aveva passato gli ultimi anni a spostarsi da una città all'altra, inseguendo opportunità di lavoro che sembravano promettere molto ma lasciavano sempre un vuoto dentro di lui. Cresciuto in un piccolo paese di montagna, aveva sempre sognato di viaggiare per il mondo, ma ora, a trentotto anni, sentiva che qualcosa gli mancava profondamente. Fu durante una fredda mattina di febbraio, mentre stava preparando un trasloco per l'ennesimo lavoro, che trovò una lettera tra i suoi vecchi documenti. Era un biglietto scritto da suo nonno anni prima: "La vita è un viaggio, ma ricorda sempre che la destinazione più importante è il cuore."

Quelle parole risuonarono profondamente in lui. Decise di prendersi una pausa e tornare al paese natale, un luogo che non visitava da quasi vent'anni. Voleva capire se il senso di smarrimento che provava poteva trovare risposta tra le montagne che avevano visto i suoi primi passi.

Il viaggio in treno verso il paese fu un misto di nostalgia e timore. Guardando il paesaggio che cambiava, con le cime innevate e i boschi silenziosi, Luca sentì una calma che non provava da tempo. Arrivò alla piccola stazione nel tardo pomeriggio.

The Final Journey: Finding Home

Summary

Luca, dissatisfied with his transient life, returns to his hometown seeking peace. He discovers a map from his grandfather leading to a cabin and reflections on life. He restores the family home, reconnects with the community, and meets Anna, with whom he transforms the cabin into a space for travelers. Ultimately, he finds belonging and love, finally feeling at home

Luca had spent the last few years moving from one city to another, chasing job opportunities that always seemed promising but left him feeling empty inside. Raised in a small mountain village, he had always dreamed of traveling the world, but now, at thirty-eight, he felt something was profoundly missing.

It was during a cold February morning, as he was preparing to move for yet another job, that he found a letter among his old documents. It was a note written by his grandfather years before: "Life is a journey, but always remember that the most important destination is the heart."

Those words struck a deep chord within him. He decided to take a break and return to his hometown, a place he hadn't visited in nearly twenty years. He wanted to see if the sense of emptiness he felt could find answers in the mountains that had witnessed his first steps.

The train ride to the village was a mixture of nostalgia and apprehension. As the scenery changed, with snow-capped peaks and quiet forests, Luca felt a calm he hadn't experienced in a long time. He arrived at the small station in the late afternoon.

Il paese sembrava immutato: le strade strette, le case in pietra e il campanile che dominava la piazza principale.

La prima persona che incontrò fu la signora Emilia, la sua vecchia vicina. Nonostante gli anni passati, lei lo riconobbe immediatamente. "Luca! Non posso credere che sei tu! Come stai?" Lo accolse con un sorriso caloroso e lo invitò a casa per un tè. Parlare con Emilia fu come aprire una finestra sul passato. Lei gli raccontò dei cambiamenti nel paese, delle persone che erano andate via e di quelle che erano rimaste.

La casa di famiglia, situata ai margini del paese, era rimasta vuota dopo la morte dei suoi genitori. Luca si avvicinò con una certa esitazione. La porta cigolò quando la aprì, e l'interno era esattamente come lo ricordava: i vecchi mobili, l'odore del legno e il caminetto che un tempo era il cuore della casa. Trovò una scatola piena di fotografie e lettere. Tra queste, una mappa disegnata a mano dal nonno, con un sentiero che conduceva a un luogo segnato con una "X". La curiosità si accese in lui.

La mattina seguente, Luca si mise in cammino seguendo la mappa. Il sentiero lo portò attraverso boschi e ruscelli fino a una radura nascosta. Lì trovò un piccolo rifugio in legno, che il nonno aveva costruito anni prima. Dentro, c'era un quaderno pieno di appunti e riflessioni. Ogni pagina raccontava storie di vita semplice e felice, di momenti trascorsi con la famiglia e di una filosofia che privilegiava il legame con la natura e con le persone.

Leggere quelle parole riempì Luca di una profonda emozione. Si rese conto che aveva passato troppo tempo a cercare fuori quello che aveva sempre avuto dentro. Decise di prendersi del tempo per rimettere a posto la vecchia casa e trasformarla in un luogo dove potesse ricominciare. Passò le settimane successive a riparare il tetto, restaurare i mobili e riportare in vita il giardino che sua madre amava tanto.

Mentre lavorava, gli abitanti del paese iniziarono a fermarsi per salutarlo. Alcuni gli portavano cibo, altri lo aiutavano con i lavori più pesanti. Ogni incontro rafforzava il suo senso di appartenenza e lo faceva sentire meno solo. Una sera, mentre stava finendo di sistemare il caminetto, Emilia arrivò con un libro antico.

The village seemed unchanged: narrow streets, stone houses, and the bell tower dominating the main square.

The first person he met was Mrs. Emilia, his old neighbor. Despite the years that had passed, she recognized him immediately. "Luca! I can't believe it's you! How are you?" she greeted him with a warm smile and invited him over for tea. Talking to Emilia was like opening a window to the past. She told him about the changes in the village, the people who had left, and those who had stayed.

The family home, located on the edge of the village, had remained empty since the death of his parents. Luca approached it with some hesitation. The door creaked as he opened it, and the interior was exactly as he remembered: the old furniture, the smell of wood, and the fireplace that had once been the heart of the house. He found a box full of photographs and letters. Among them was a hand-drawn map by his grandfather, showing a trail leading to a spot marked with an "X." Curiosity sparked within him.

The next morning, Luca set out, following the map. The trail led him through woods and streams to a hidden clearing. There, he found a small wooden cabin his grandfather had built years before. Inside was a notebook filled with notes and reflections. Every page told stories of a simple and happy life, of moments spent with family, and of a philosophy that cherished connections with nature and people.

Reading those words filled Luca with profound emotion. He realized he had spent too much time searching elsewhere for what he had always carried within himself. He decided to take some time to restore the old house and turn it into a place where he could start anew. He spent the following weeks fixing the roof, restoring the furniture, and reviving the garden his mother had loved so much.

As he worked, the villagers began to stop by to greet him. Some brought him food, others helped with the heavier tasks. Each encounter strengthened his sense of belonging and made him feel less alone. One evening, as he was finishing work on the fireplace, Emilia arrived with an old book.

"Questo apparteneva a tuo nonno. Pensavo ti sarebbe piaciuto averlo."

Sfogliando le pagine, Luca trovò una dedica scritta a mano: "Per Luca, perché possa sempre trovare la sua strada, ovunque essa lo porti." Quelle parole gli confermarono che il viaggio che aveva iniziato non era solo un ritorno fisico al suo paese, ma un ritorno al suo cuore.

Con il tempo, la casa tornò a essere un luogo accogliente. Luca decise di rimanere e trasformarla in un rifugio per viaggiatori e persone in cerca di pace. Ogni giorno, incontrava nuove storie e condivideva la sua. Finalmente, si sentiva a casa, non solo in un luogo, ma dentro di sé.

I mesi trascorsi nel paese natale cambiarono profondamente Luca. Ogni giorno iniziava con una passeggiata lungo il sentiero del rifugio, dove spesso portava un taccuino per scrivere i suoi pensieri. Il rifugio era diventato il suo luogo di riflessione e ispirazione. Gli appunti del nonno gli avevano insegnato che la vera ricchezza non risiedeva nel denaro o nel successo, ma nelle connessioni autentiche e nei momenti vissuti con consapevolezza.

Un giorno, mentre sistemava la soffitta della casa, Luca trovò una vecchia scatola piena di lettere che suo padre aveva scritto durante la giovinezza. Leggerle gli permise di comprendere meglio l'uomo che era stato e di riconciliarsi con alcuni ricordi difficili del passato. Era come se la casa continuasse a svelare i suoi segreti, dandogli strumenti per crescere e guarire.

Luca iniziò anche a coinvolgersi maggiormente nella comunità del paese. Aiutava a organizzare eventi culturali e lavorava con gli abitanti per restaurare alcuni edifici storici. Durante uno di questi progetti, incontrò Anna, una giovane architetta arrivata in paese per collaborare al restauro della vecchia chiesa. La loro collaborazione si trasformò presto in un'amicizia profonda e, con il tempo, in qualcosa di più.

Anna condivideva con Luca la passione per la semplicità e per la bellezza della vita rurale.

"This belonged to your grandfather. I thought you might like to have it."

As he flipped through the pages, Luca found a handwritten dedication: "For Luca, so he may always find his way, wherever it may lead him." Those words confirmed to him that the journey he had embarked on was not just a physical return to his hometown but a return to his own heart.

Over time, the house became a welcoming place again. Luca decided to stay and transform it into a refuge for travelers and those seeking peace. Every day, he encountered new stories and shared his own. At last, he felt at home—not just in a place but within himself.

The months spent in his hometown profoundly changed Luca. Each day began with a walk along the refuge's path, where he often carried a notebook to write down his thoughts. The refuge had become his place of reflection and inspiration. His grandfather's notes had taught him that true wealth didn't lie in money or success but in authentic connections and moments lived with awareness.

One day, while organizing the attic, Luca found an old box filled with letters his father had written in his youth. Reading them allowed him to better understand the man his father had been and reconcile with some difficult memories of the past. It was as if the house continued to reveal its secrets, providing him tools to grow and heal.

Luca also began to get more involved in the local community. He helped organize cultural events and worked with the townspeople to restore some historical buildings. During one of these projects, he met Anna, a young architect who had come to the town to collaborate on the restoration of the old church. Their collaboration soon blossomed into a deep friendship and, over time, into something more.

Anna shared with Luca a passion for simplicity and the beauty of rural life.

Insieme, iniziarono a sognare di ampliare il rifugio e creare uno spazio dove le persone potessero non solo soggiornare, ma anche partecipare a workshop di artigianato, cucina e meditazione. Volevano offrire agli altri la possibilità di sperimentare la pace e la connessione che loro stessi avevano trovato.

Con il passare dei mesi, il progetto prese forma. Il rifugio divenne un luogo vivace, dove viaggiatori da tutto il mondo si incontravano per condividere esperienze e storie. Ogni persona che passava di lì lasciava un segno, arricchendo ulteriormente il senso di casa che Luca aveva costruito.

Una sera d'estate, mentre il sole tramontava dietro le montagne, Luca si sedette accanto ad Anna sul portico della casa. Guardando il panorama e ascoltando il canto degli uccelli, sentì un profondo senso di gratitudine. Dopo anni di ricerca, aveva finalmente trovato ciò che cercava: non solo un luogo, ma un senso di appartenenza e un amore che lo facevano sentire davvero a casa.

Vocabulary List

1. **Rifugio** - Cabin

2. **Mappa** - Map

3. **Appartenenza** - Belonging

4. **Restauro** - Restoration

5. **Taccuino** - Notebook

6. **Connessione autentica** - Genuine connection

7. **Caminetto** - Fireplace

8. **Semplicità** - Simplicity

9. **Paese natale** - Hometown

10. **Workshop** - Workshop (course)

11. **Panorama** - Landscape

12. **Gratitudine** - Gratitude

Together, they began to dream of expanding the refuge and creating a space where people could not only stay but also participate in workshops on crafts, cooking, and meditation. They wanted to offer others the opportunity to experience the peace and connection they had found themselves.

As the months passed, the project took shape. The refuge became a lively place where travelers from all over the world came together to share experiences and stories. Each person who passed through left their mark, further enriching the sense of home that Luca had built.

One summer evening, as the sun set behind the mountains, Luca sat next to Anna on the porch of the house. Gazing at the view and listening to the birdsong, he felt a profound sense of gratitude. After years of searching, he had finally found what he had been looking for—not just a place, but a sense of belonging and a love that made him truly feel at home.

Questions

1. Perché Luca decide di tornare al paese natale?

o   a) Per vendere la casa di famiglia

o   b) Per una vacanza temporanea

o   c) Per cercare pace e riconnettersi con le sue radici

o   d) Per visitare vecchi amici

o   e) Per un'offerta di lavoro nel paese

2. Cosa trova Luca seguendo la mappa del nonno?

o   a) Una cassa con gioielli antichi

o   b) Un rifugio e un quaderno pieno di riflessioni

o   c) Un passaggio segreto verso un'altra proprietà

o   d) Una chiave per una stanza nascosta nella casa

o   e) Un antico libro di famiglia

3. Chi è Anna?

o a) Una giovane architetta che collabora al restauro della chiesa

o b) Un'amica d'infanzia di Luca

o c) Una viaggiatrice di passaggio

o d) Una parente lontana

o e) Una scrittrice di storie locali

4. Cosa decidono di fare Luca e Anna con il rifugio?

o a) Trasformarlo in una biblioteca

o b) Ampliarlo e creare uno spazio per workshop e viaggiatori

o c) Affittarlo come casa vacanze

o d) Donarlo alla comunità del paese

o e) Renderlo un museo dedicato alla storia del paese

5. Come si sente Luca alla fine della storia?

o a) Indifferente rispetto al paese

o b) Finalmente a casa, con un senso di appartenenza e amore

o c) Insoddisfatto e pronto a ripartire

o d) Confuso su quale strada prendere

o e) Solitario ma in pace con se stesso

Notes

Answers

A New Chapter: Life in Florence

1A 2B 3C 4C 5C

The Train to Venice

1B 2B 3B 4E 5B

A Culinary Adventure in Bologna

1B 2B 3B 4B 5C

A Day at the Roman Forum

1B 2B 3C 4A 5C

A Tuscan Love Story

1B 2D 3B 4B 5E

The Mysterious Painting

1B 2C 3B 4B 5E

The Puzzle of the Old Watchmaker

1D 2B 3B 4A 5B

A Letter from the Past

1B 2B 3A 4B 5B

The Olive Harvest Festival

1B 2C 3B 4C 5B

A Carnival in Venice

1B 2D 3B 4C 5B

Discovering Sicilian Traditions

1B 2C 3B 4C 5B

The Christmas Market in Milan

1B 2B 3B 4A 5B

The Hidden Library of Naples

1A 2B 3D 4B 5B

The Legend of the Amalfi Coast

1B 2A 3B 4B 5B

The Secret Recipe

1B 2B 3A 4B 5B

The Stranger at Lake Como

1B 2B 3A 4B 5A

A Night at the Opera

1B 2A 3B 4C 5B

A Summer in Sardinia

1D 2B 3A 4B 5B

The Unexpected Inheritance

1D 2B 3A 4B 5C

The Final Journey: Finding Home

1C 2B 3A 4B 5B

A Special Request

Dear Reader,

Thank you for choosing to read our book. We hope you found the stories engaging and helpful in your language learning journey. If you enjoyed the book, we would greatly appreciate it if you could take a moment to leave a review.

Your feedback not only helps other readers discover our work but also inspires us to keep writing and creating more content for you.

To leave a review, scan the **QR CODE** to go to the review page.

Thank you for your support!

Warm regards,

The Acquire a Lot Team

Scan Me

Books in this Series

Available on Amazon

Books by this Author

Available on Amazon